え？貝塚って
ごみ捨て場じゃ
なかったんですか⁉

知られざる縄文ライフ

著者 譽田亜紀子
監修 奈良女子大学教授 武藤康弘
イラスト スソ アキコ

唐突ですが、

あなたは縄文時代に生きた
人々、つまり縄文人について
考えたことはありますか？
もし、考えたことがあるのだ
としたら、どんな姿をイメー
ジしましたか？

「みんな毛皮を着て、男が動物を狩って、女が木の実を拾って食べてたんだよね？　なんていうんだっけ？　あれ、竪穴住居？　なんか藁みたいな屋根でさ、それに住んでたんだよね。で、貝塚はごみ捨て場だったんでしょ？　でさ、土偶はやっぱり宇宙人なわけ？」

縄文時代の人々について周りの人に訊ねると、多かれ少なかれ、こんな感じの答えが返ってきます。

私もそうでした。学校の社会科で習った縄文時代の知識から刷新されることが無く、いつまでたっても文化的に未開の人々のイメージだったのです。

しかし、彼らが作った人形《ひとがた》の焼き物「土偶」の造形に衝撃を受け、いろいろ調べていくうちに、今までまったく知らなかった縄文時代の暮らしが見えてきたのです。縄文土器や土偶をはじめとする彼らの創造性、厳しい環境を生きぬく生活に対しての創意工夫、そして自然と共生する心。文字として残ってはいませんから、彼らが残したモノでしか、私たちは当時の様子を知ることが出来ません。それも、確かなことはわからない。

それでも、学校で習った以上のことが研究によってわかるようになってきたのです。

私は、この本でそれを皆さんと共有したいと思っています。

だって、私たちが暮らす、この日本列島におよそ1万5000年も前に暮らした大先輩のことなのですから。彼らがいてくれたから、今の私たちがあるといってもいい。そして私たちの中には、縄文人の血がほんのわずかではありますが、流れているのです。

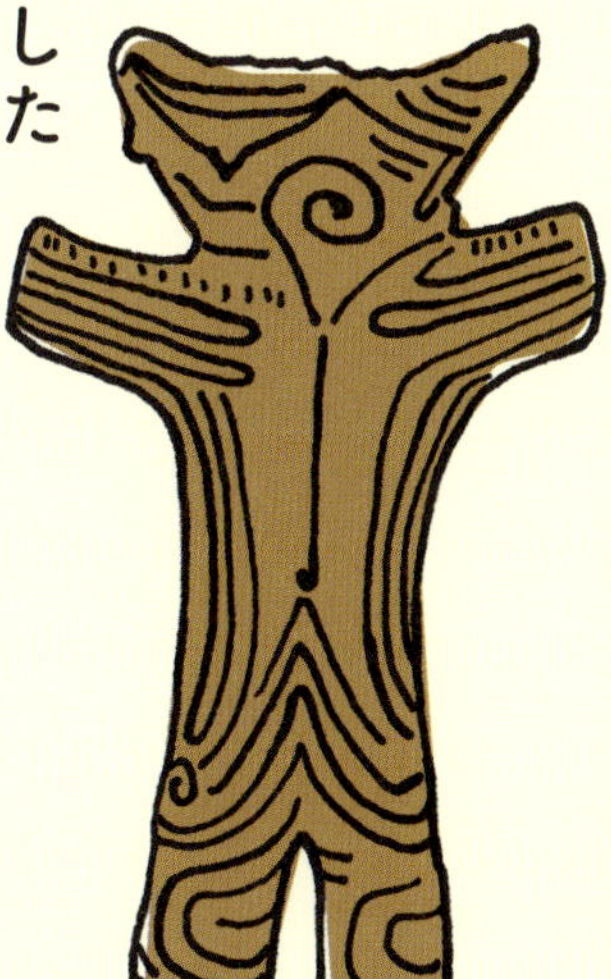

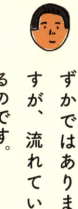

ですからこの本は、実際に会ったこともなければ声を聞いたこともないけれど、同じ日本列島に暮らした、私たち日本人共通のご先祖様に会いに行く本だと思ってください。あるいは、彼らの暮らしを覗きに行く旅の本だと思って頂いてもいいかもしれません。

私たちがこうして今、生きているということは、縄文人たちが誰かに恋をして子供を授かり、次の代へと命を繋いでくれた結果なのです。彼らと私たちは人として何も変わりません。

ただ、今よりも自然との距離が近かっただけ。そして、縄文時代という長い時間をこの地で過ごしただけ。

本書では今を生きる私たちの視点から見る縄文時代に関する事柄に、ひとつずつお答えしていこうと思います。時には想像も膨らませながら。

さあ、それでは、次の扉を開けて、私と一緒に縄文時代を旅してみることにいたしましょう。

彼らに会いに行く前に知っておきたい縄文知識

1章 縄文人のすがたと暮らし

2章 縄文人の一生

3章 縄文人と食

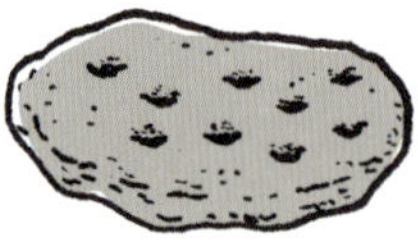

4章 縄文の祈り

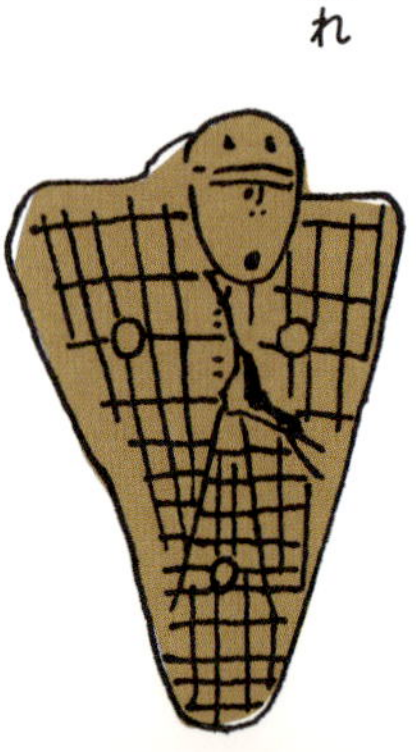

知られざる
縄文ライフ

彼らに
会いに行く前に
知っておきたい
縄文知識

縄文基本のキ

縄文時代のあれこれを見に行く前に、まず、縄文時代の基本を押さえておこうと思います。

そもそも、「縄文」って何?

その名の通り、植物繊維を撚った縄を土器の表面に押し当てたり、ころころと転がしたりして出来た「縄目の文様」のことを「縄文」といいます。縄を様々に組み合わせる、木の棒などに縄を巻き付けて転がす。そして時には、丹念に付けた模様を装飾的な意味から磨り消してしまう「磨消縄文《すりけしじょうもん》」と呼ばれる技法も用いるなど、当時の人々は創意工夫を凝らして模様をつけていました。こうしてできた模様の数は、1万種類以上にのぼると言われています。

このようにして縄目の文様がついた土器を「縄文土器」といい、縄文土器が盛んに作られた時代を「縄文時代」というのです。とはいえ、この時代に作られた土器の中には、縄文がないものも沢山作られているのですが、時代の大き

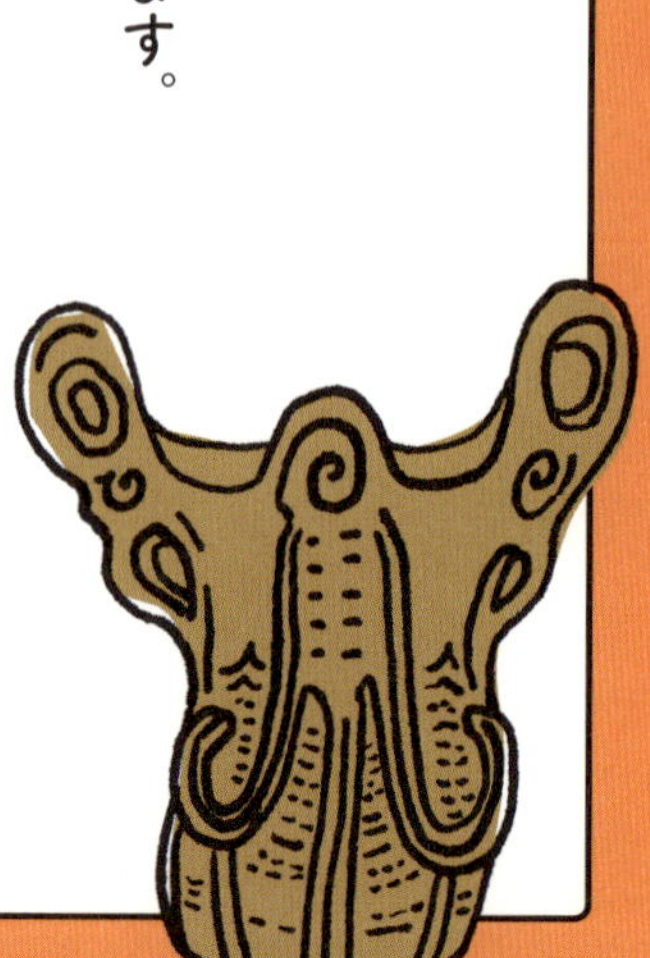

な特徴として「縄文時代」と呼んでいます。

縄文時代っていつごろ?

現在のところ、今から約1万5000年前から2400年前まで続いたと考えられています。つまり、縄文時代は少なくとも1万年以上続いた時代ということになります。これは世界的に見ても、他に類を見ないほど長きに渡って続いた時代と言えるでしょう。

その時代を、作られた土器の模様によって、「草創《そうそう》期」「早期」「前期」「中期」「後期」「晩期」の6つに分けています。

「縄文」の名付け親

「縄文」という名称は、実は日本人が名付けたのではありません。日本三大貝塚のひとつ、大森貝塚を発見した動物学者エドワード・S・モースが1877年（明治10年）に縄目の文様がついた土器を「Cord Marked Pottery」と報告したことで、日本語に訳された「縄文土器」という名称が世間に認められました。それが、現在まで続いているというわけです。

縄文人はどこから来たの？

ユーラシア大陸の東の果てに横たわる日本列島。私たちの先祖はどうやってこの日本列島にたどり着いたのでしょうか。

旅に出る人類

20万年前という想像することも難しい遠い昔、ホモ・サピエンスはアフリカ大陸で誕生しました。そして、およそ6万年前にアフリカを旅立ち、まだ見ぬ新世界を目指したのです。氷河期という厳しい環境の中で、知らない場所へ赴く恐怖よりも未知なる場所への好奇心が勝ったであろう彼ら。これは人類がもつ大きな武器だったのではないでしょうか。あの山の向こうに何があるのだろう、あの谷の向こうにもっと快適に暮らせる場所があるかもしれない。そんなことを当時のホモ・サピエンスたちは考えていたのかもしれません。

日本列島にたどり着いた祖先

わたしたちが暮らす日本列島は、ユーラシア大陸の東の端に南北に細長く横

日本列島への到達ルート（推測）

サハリン経由、朝鮮半島経由、南西諸島経由の3つのルートが推測されています。

たわっています。その長さはおよそ３０００㎞。この東の海の孤島にホモ・サピエンスが現れたのが、今からおよそ４万年前、縄文時代のすぐ前の時代、旧石器時代とされています。

舟や徒歩で東へ東へと移動を続け、現在のところ考えられている３つのルートで渡ってきた集団が、日本列島に住み着き、縄文人の祖先になったと考えられています。

ある集団は大陸と続いていたロシアの沿海州・サハリンを通って北海道に入り、ある集団は朝鮮半島から北部九州に入り、そしてある集団は東南アジアから南西諸島を通って九州南部に入ってきたと言われています。

今よりも海面が低く、地理的な環境も大きく異なっていたため、大陸からみれば、海を隔てているとはいえ、日本列島に上陸することは、自然の成り行きだったのかもしれません。

参照 米倉伸之ほか『日本の地形 1 総説』2001
篠田謙一「DNAが語る列島への人の伝播と日本人の成立」2015

DNAでたどる旅の軌跡

先程、縄文人の先祖であるホモ・サピエンスは、3つのルートを通って日本列島に到達したとされているお話をしました。ここからは遺伝子解析から、彼らの謎に迫ってみたいと思います。

ミトコンドリアDNA

飛躍的に進歩している遺伝子解析のお陰で、わたしたち人類がアフリカを出発し、どのようなルートを辿り、どのように他の集団と接触をしながら旅をしたのかが、少しずつわかってきています。

ヒトの細胞には、核に存在する「核DNA」とミトコンドリアに存在する「ミトコンドリアDNA」という2種類のDNAが存在しています。このうち、母から子に受け継がれ、変化の早いミトコンドリアDNAの解析によって研究が進んでいます。

ミトコンドリアDNAはホモ・サピエンスが旅する間に突然変異を繰り返し、様々なタイプを産み出しました。その新たに生まれたタイプがより多くの子供を作ることで、そのタイプが新たな集団となりました。この集団を「ハプログループ」といい、このハプログループを追いかけることで、それぞれの集団の交わりや拡散がわかると言われています。

日本のハプログループの由来

日本列島に到達した集団については、実はまだまだ研究途中であり、はっきりしたことがわからない、というのが実際のところですが、わかっていることもあります。これまで解析が行われたすべての遺跡の縄文人の人骨からは、ハプログループN9bかM7aが見つかっています。

N9bはアムール川の下流域を中心とする地域（北方系）のグループ、M7aは共通の祖先を持つとされるグループが南中国から東南アジアに存在することから、南方系のグループと考えられています。

つまり、旧石器時代に日本列島に到達したであろうルートについて、遺伝子的にも解明されたことになるのです。

旧石器時代にそれぞれのハプログループを背負った北方、南方からやってきたヒトたちがこの日本列島内で交わり、日本列島固有のハプログループになったのではないかと考えられています。

縄文人がどこからやってきたのか、はっきりとした答えは現在のところありません。しかし長い時間をかけて、周辺地域から日本列島にヒトが訪れ、交わり、今の私たちに続いていることは間違いなさそうです。

参照 篠田謙一「DNAが語る列島への人の伝播と日本人の成立」2015

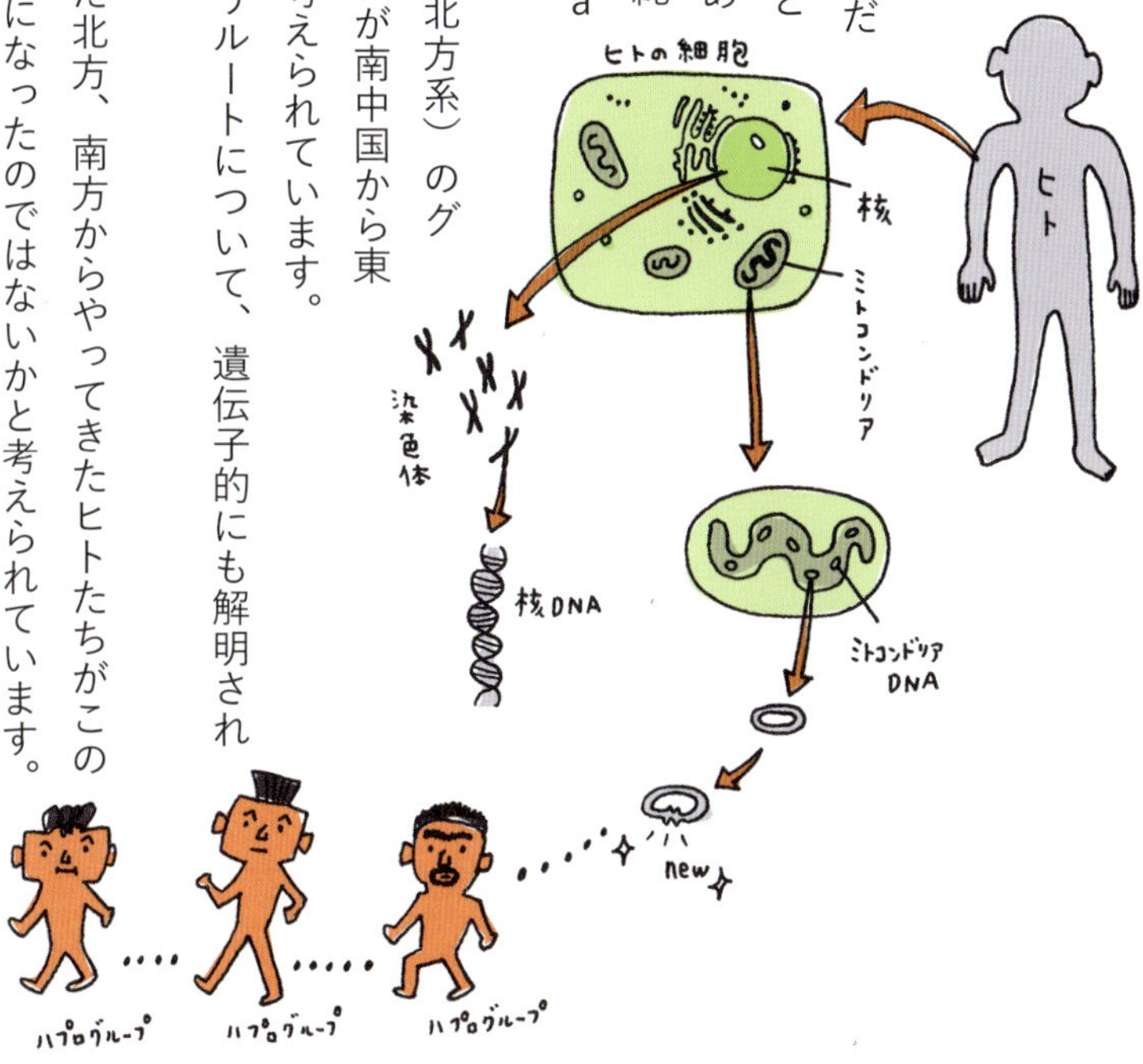

彼らに会いに行く前に知っておきたい縄文知識

縄文の気候と環境

海もないのに、なんでこんな高台に貝塚《かいづか》（48ページ）があるんだろう?と疑問に思ったことがある人もいるのではないでしょうか。実はそれ、縄文時代に海が近くにあった痕跡なんです。

縄文の気候変動

旧石器時代の地球は氷河期の時期。陸も海も氷で閉ざされていました。その中でも2万年前が最も寒く、現在よりも7~8℃も気温が低い時期でした。海面も今より下にあったといいます。その頃の日本列島は四国、九州、本州が陸続きで、北海道もユーラシア大陸と繋がっていました。今とはまったく違う姿だったのです。

その後、間氷期（※）に入り、気温の上下を繰り返しながら地球全体が緩やかに温暖化へと進んで行きました。その

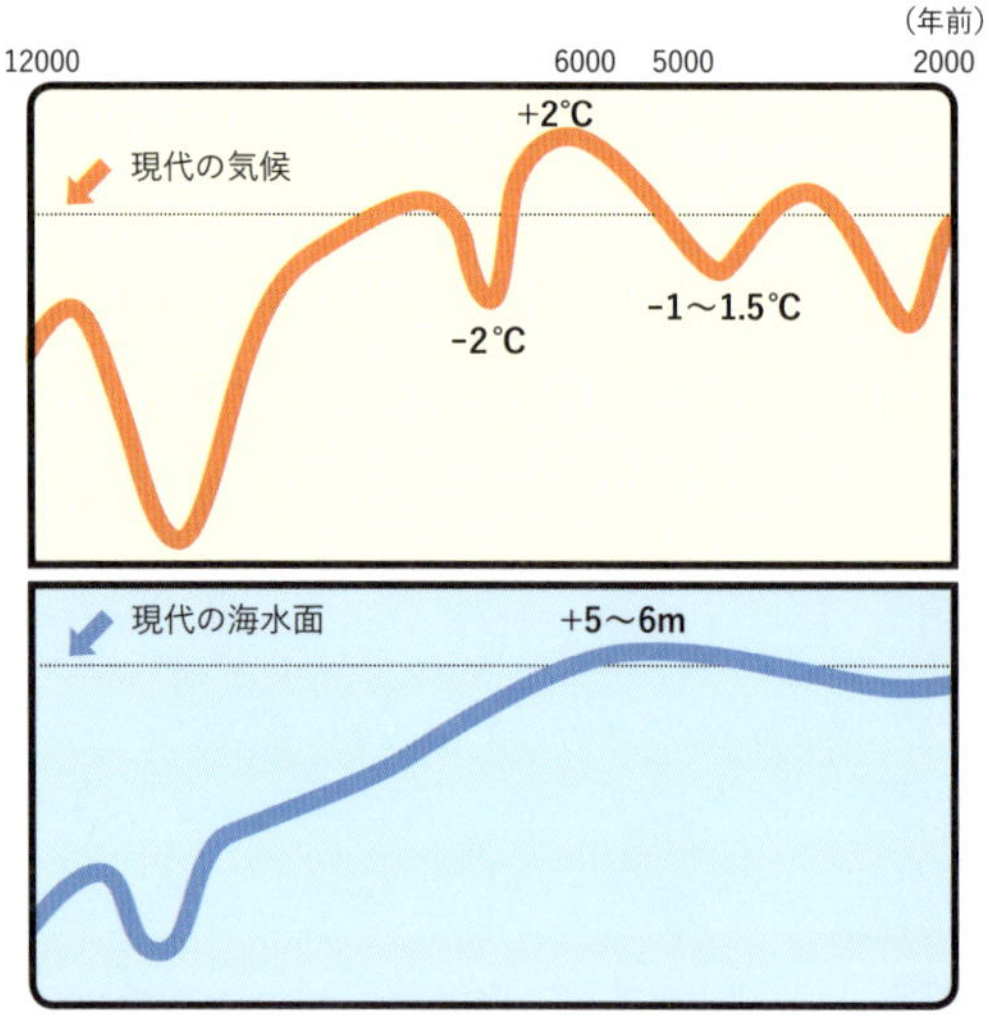

縄文時代の気温と海水面の変動を示したグラフ。
気温に伴い、海水面も変化しているのがわかります。

参照 安田喜憲『環境考古学事始』1980
安田喜憲『縄文文明の環境』1997

関東の縄文海進では現在の海岸線より50〜60kmも奥地の、埼玉県栗橋から栃木県藤岡付近まで内湾になったと推定されています。

参照 松島義章『貝が語る縄文海進』2006

結果、南極、北極、そして陸地の氷が溶け出し、海面は上昇。ついに6000年前、気温は現在よりも2℃ほど高くなり海面も5～6m高くなったといいます。しかし、温暖化は長くは続かず、その後、再び気温が下がり始め、4000年ほど前には冷涼化していき、それに伴い海面も低くなったのです。

このような地球規模での温暖化によって海岸線が内陸部に入り込んだ現象を「縄文海進《じょうもんかいしん》」といい、縄文人たちは内湾の豊かな海産物を採集しやすく、また水はけが良くて暮らしやすい高台での生活を好みました。その結果、「なんでここに？」という場所に貝塚が残されたのです。

縄文海進

縄文時代に起こった海進なので、縄文海進と言われています。
1万年以上続いた縄文時代のある一時期、海岸線は今よりも、もっと内陸部にまで入り込んでいました。海水面が今よりも高く、それに伴って海辺が今よりも内陸に来ていたのです。

（※）間氷期…氷河期の中でも暖かな時期のことを指します。

縄文の気候と環境

温暖化の影響

地球全体の温暖化によって植生が変化していきました。地理的な要因から、他の地域に先駆けて南九州ではクヌギ、コナラ、ミズナラなど広葉樹の森ができ、森に住むイノシシやシカ、その他の小動物も増えました。もちろん、植物資源が豊富になって食料事情が安定したのは縄文人たちにとっても同じこと。豊かに実る木の実やキノコを採り、イノシシやシカを狩ることも出来ました。

森が豊かになったことで、縄文海進によってできた内湾にその栄養分が流れ出し、魚も豊富になったと考えられます。海、そして森の恵みが温暖化によってもたらされ、人々の生活は安定しはじめます。暖かくなるにつれて食料として有用な植物の分布が北上するのに合わせて、人々も北上して行ったのかもしれません。

知られざる
縄文ライフ

1章

縄文人の すがたと暮らし

広場
お墓
管理林
道具づくり
貯蔵穴
加工場所
アク抜き

こんなムラに住んでいたかも

（想像図）

向こう三軒両隣のお付き合い

Q：縄文時代にもお隣りさんとかいたんでしょうか？

A：当時はひとつの集落に、だいたい4軒から6軒ほどが暮らしていたと言われています。

彼らが暮らしていた集落の想像図を前のページに載せています。

彼らは台地状で風通しが良く、水場が近いながらも水害に遭わないような場所に好んで家を建てていました。集落の構成は血縁が多く、親戚同士が森を切り開いて暮らしていたようです。しかし、これは一般的な集落のイメージで、場所や時期によって様々な形がありました。

広場を持つような大規模集落の場合、時には数十軒以上が環状や馬蹄形に広場を取り囲むように家を建てて暮らしていた痕跡も残っています。家の周りには、不要なものを廃棄する場所があり、周囲の森には管理されたクリやウルシの木がある集落もあったようです。お墓も集落の中にありました。

このような大規模集落は拠点集落と言われ、この拠点集落に周辺の集落から人が集まり、広場で儀礼を行ったのではないかと考えられています。広場は人々の交流や共同で作業を行う場でもあったとされ、重要な場所だったようです。その他、多くの人が集まったとされる大型建物の跡も見つかっています。

食料を貯蔵しておく貯蔵穴や、木の実のアク抜きをする水場が作られた集落も存在していました。

千五百年も代々人が住み続けた青森県青森市の三内丸山《さんないまるやま》遺跡のような集落もあれば、数年で他の場所に移ったと考えられる集落もあります。どのような形であれ、今と同じように縄文時代からお隣さんと助け合って生きていたことには違いないようです。

縄文人の1日

Q：縄文時代の1日の暮らしかたは？

A：遺物（※）から迫ることは難しいですが、想像してみましょう。

彼らにとって炉の火は暮らしに欠かせない大切なもの。目覚めると同時に、寝る時に灰を被せておいた火種を起こし、近くの川に土器を持って水を汲みに行き、それを炉にかけてお湯を沸かします。前日の夜ご飯の残り（縄文クッキーなど）があればそれを食べ、お湯を飲み、1日が始まったのではないでしょうか？季節に応じて採集する植物は違いますが、朝か

（※）遺物…遺跡から出土する土器・石器・骨格器や動植物、その他様々な道具や生活に関わる用具一切の総称。

ら数人で連れ立って森に入り、山菜や木の実などを集めます。川や海に魚を獲りに行く日もあれば、獣道に仕掛けた罠に、動物が掛かっていないか見に行く日もあるでしょう。

各々が食料採集に精を出し、キリが付いた頃に集落に戻ります。帰宅後は漁で使う道具を作る人もいれば、鏃《やじり》を作る人もいる。女性は子どもたちと共に食事の支度を始め、それが出来上がると炉のまわりに皆が集って1日の出来事や森や動物の様子を話しながら夕方には食事を終えます。

その後、早々に眠りにつくこともあれば、ご近所が集まっておしゃべりに花を咲かせることもあったことでしょう。

タイムスケジュールはきっとこんな感じ

炉の火があったとはいえ、現在のような電灯はありませんでしたから、
太陽と共に寝起きをする生活だったと考えられます。

顔つきと体つき

Q：縄文人ってどんな見た目の人たちだったんですか？

A：それを知るために、まずは縄文人の身体的特徴を見てみましょう。

出土した人骨から、縄文人の顔の形や体の大きさが推定されています。

縄文人の平均的な身長は男性が約１５８㎝、女性が約１５３㎝。今よりもだいぶ小柄な彼ら。野山を歩いて狩りをしたり、丸木舟に乗って漁をする彼らの生活スタイルを考えると、がっちりとした筋肉質な体つきの縄文人の姿が浮かび上がります。

ところで、皆さんは自分について「縄文系」とか「弥生系」などと思ったことはありますか？

左ページで、現代に残る縄文系、弥生系の見分け方をご紹介します。ご自身のことを思い浮かべながらながめてみて下さい。

小柄な縄文人

現代人や弥生人と比べると随分と小柄だったようです。

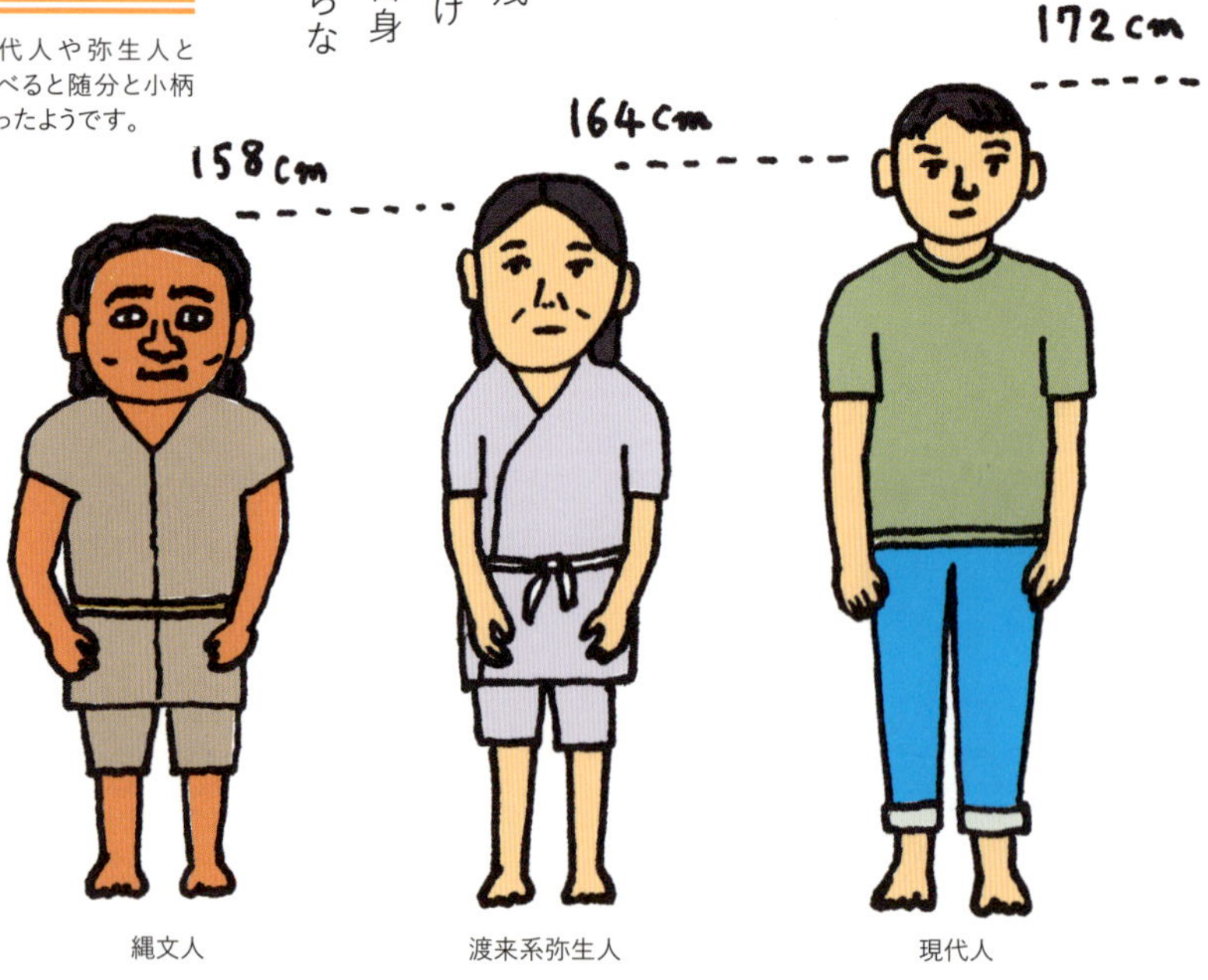
158cm
164cm
172cm
縄文人
渡来系弥生人
現代人

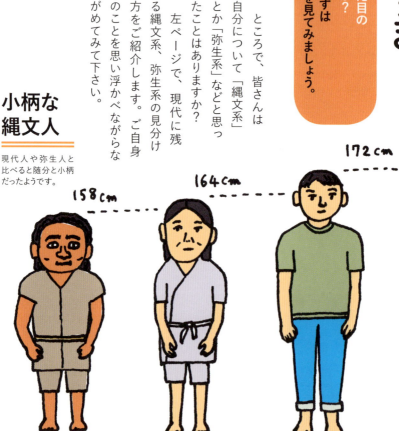

縄文系？ 弥生系？

縄文系はソース顔

彫りが深く鼻が高い、いわゆるソース顔だったと考えられています。

全体的に
彫が深い
少し出っ張った眉間
お酒に強く赤くなりにくい
湿った耳あか
上下の歯がぴったり合わさる
噛み合わせ。歯は小さめ。
高い鼻
エラが張って四角い顎

弥生系はしょうゆ顔

あっさりとした、いわゆるしょうゆ顔だったと考えられています。

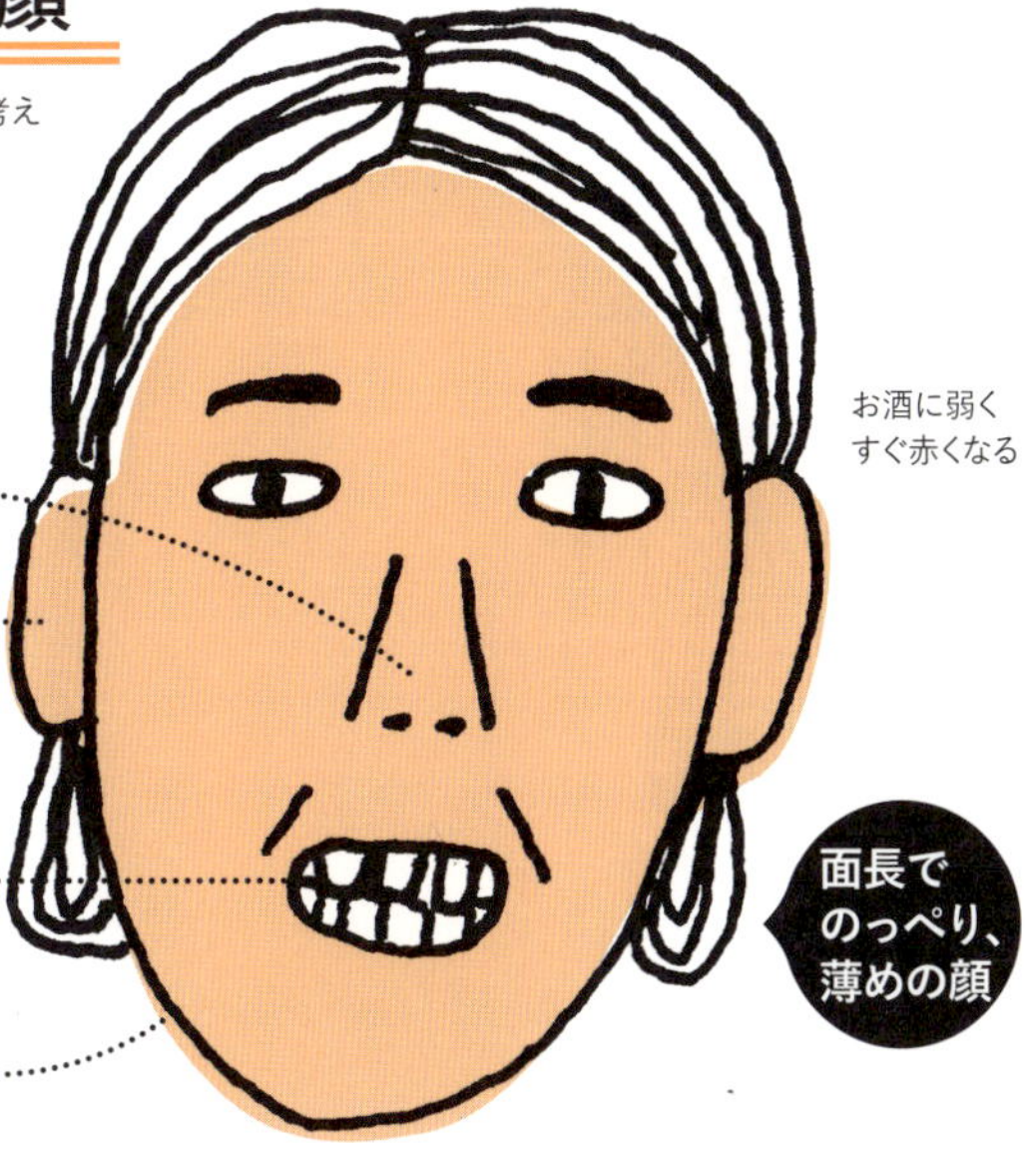
お酒に弱く
すぐ赤くなる
低い鼻
乾いた耳あか
上の歯が前に出る
鋏状の噛み合わせ。
歯は大きめで少しガタガタ。
面長で
のっぺり、
薄めの顔
エラが張っておらず
丸みを帯びた顎

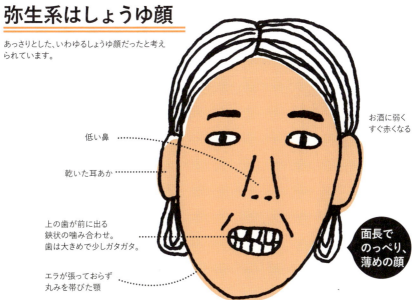

縄文人の普段着

Q：彼らは何を着ていたんですか？

A：季節によって違いがあったと思われます。

縄文時代には既に植物の繊維で作られた編布《あんぎん》と呼ばれる布がありました（78ページ）。この布は、遺跡から発見されるわずかな繊維片や土器を作る際に底に付いた織物の痕などから存在が明らかになったのです。

　動物の骨や角で作った針と植物繊維で作った糸を使って編布を縫い合わせ、簡単な服を作り、着ていたのではないかと言われています。もしかすると少しぐらい刺繍など施していたかもしれませんが、植物から糸を作るのも手作業ですから、普段着にそこまでこだわっていたかはわかりません。動きやすいようアクセサリーなどは最小限にしていたはず。布といっても目はそこまで詰まっていなかったでしょうし、そこそこ風通しが良かったのではないかと想像されます。

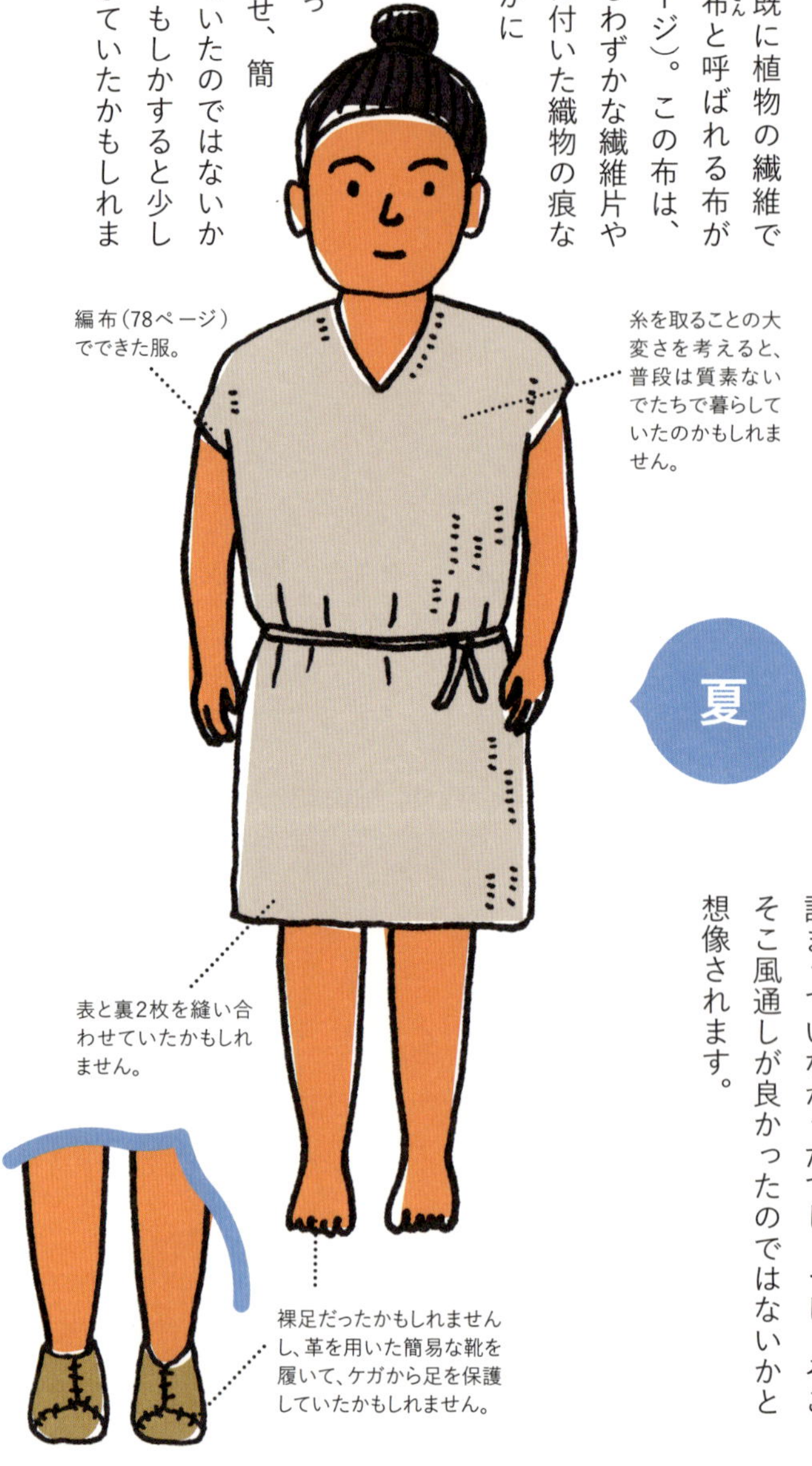

夏
編布（78ページ）でできた服。
糸を取ることの大変さを考えると、普段は質素ないでたちで暮らしていたのかもしれません。
表と裏2枚を縫い合わせていたかもしれません。
裸足だったかもしれませんし、革を用いた簡易な靴を履いて、ケガから足を保護していたかもしれません。

冬になると夏に着ていた服の上から、イノシシやシカの毛皮や、これらの動物の毛皮をなめした革を防寒用に羽織っていたと考えられます。モカシンのような1枚革の革靴だと想像されますが、雪が積もる冬は動物の革を使った靴を作り、履いていたのではないでしょうか。アイヌの人たちはサケの皮で靴を作っていたようですから、同じように縄文人もサケの皮で靴を作っていても不思議ではありません。

もちろん寒さに対して慣れはあるでしょうが、今のようにダウンコートがあるわけでも、ウールのセーターがあるわけでもない縄文時代に、寒さを乗り切ろうとするならば、動物の毛皮は大事な防寒具だったことでしょう。

革で防寒をします。

素朴なギモン

Q 衣替えってどうしていたの？

A 今のように何着も洋服があり、季節ごとに着るものを変えていた時代ではありません。寒くなればいつも着ている植物繊維で出来た服の上に、動物の毛皮を羽織って防寒する程度だと考えて下さい。

元々衣替えは平安時代の宮中行事から始まったとされます。つまりそれ以前にはそんな考え方も習慣もありませんでした。

ヘアスタイル

Q：髪はどうやってまとめていたのですか？
A：いろいろなまとめ方をしていたようです。

彼らの髪型は、遺跡から出土した土偶から読み解くことができます。土偶は、当時の人々の様子を表しているとも考えられているからです。そこでその頭部を観察すると、本当に様々な編み方をしていることがわかります。ここでは、とってもキュートなみみずく土偶を例に見てみましょう。

立体的に作られた眉毛の上に、ボコボコと何かが刺さっているように見えます。実際に出土しているものと照らし合わせた結果、これは当時の人々が髪の毛に挿していた装飾用の櫛ではないかと

櫛
漆塗り櫛
（66ページ）

結髪
団子にして結う。
眉毛
耳飾り
耳に嵌め込むタイプの耳飾り

みみずく土偶
名前の由来は顔が鳥のみみずくに似ているから。

土製耳飾り
（66ページ）

考えられています。そしてその上の突起は髪の毛を団子状にして頭上で結った状態を表現しているとか。櫛は赤い漆で塗られていることが多く、黒髪に映えたことでしょう。

女性だけではなく男性も髪を伸ばし、束ねていたと考えられています。場合によっては男性も美しい櫛を挿すことがあったかもしれません。

次のページから紹介している写真は、土偶から読み取った髪型を再現させたものですが、どちらも手の込んだ素敵な髪型です。よく見ると、日本髪にも見えます。ここに赤い櫛を挿したらさぞかし美しかったことでしょう。

髪は「神」でもあります。縄文時代にそんな考え方があったかはわかりませんが、天に一番近い髪の毛を高く結い上げることは、彼らにとって意味のあることだったのかもしれません。

土偶の頭を観察してみる

一見すると不思議な突起が並んでいますが、櫛や耳飾りなど他の遺物から何を表現しているのか推測ができます。想像を膨らませながら見てみてください。

結髪
後ろはまるでリボンのような形に結われている。
団子にして結われている。
耳飾り
嵌め込んでいるのが後ろからも見える。

髪型を再現してみる

この2つの髪型は、福島県立博物館で行われた企画展「縄文たんけん」で再現された髪型です。土偶には様々な形がありますから、髪型の種類も沢山あったことでしょう。

後ろから見る

横から見る

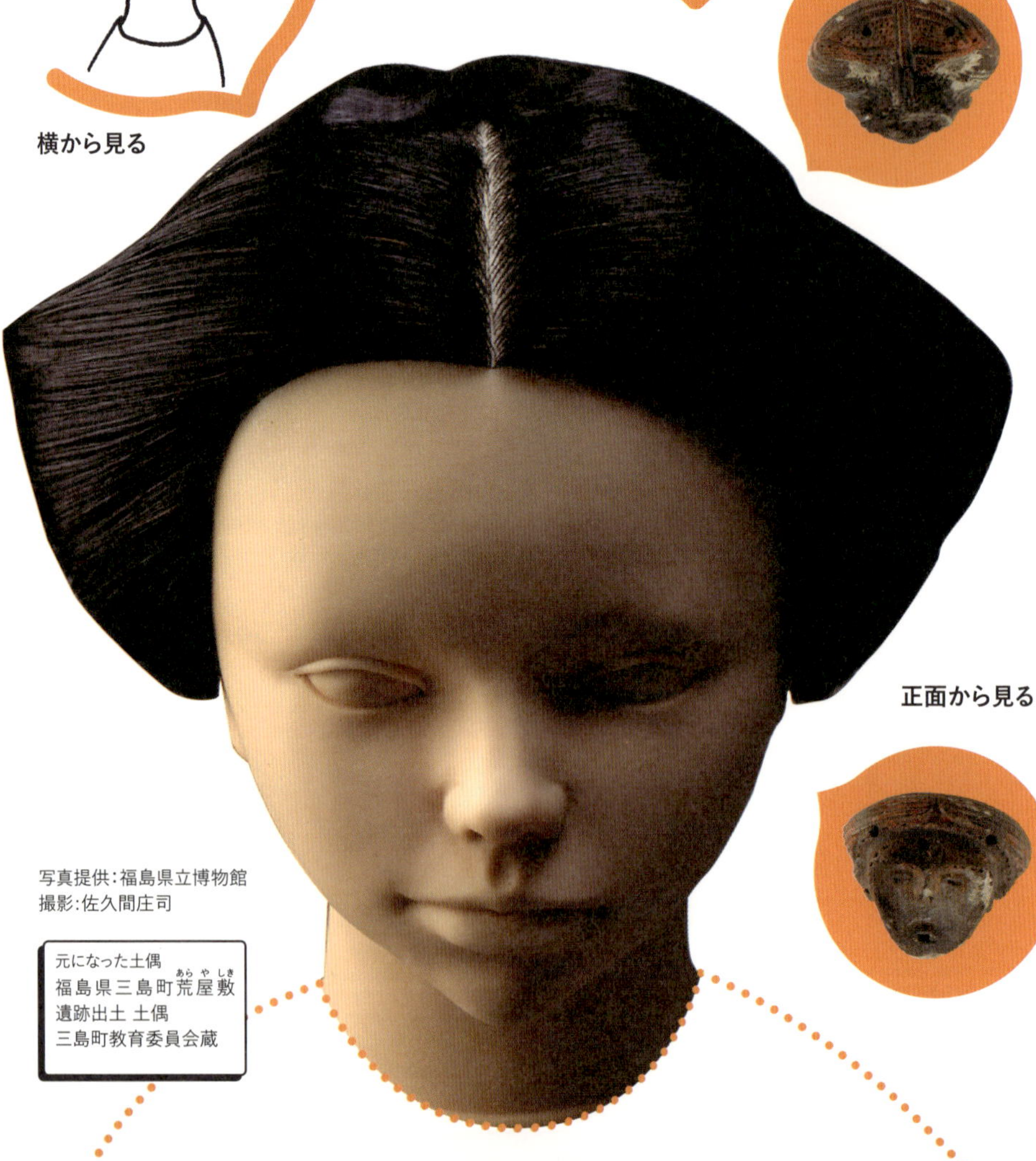

正面から見る

写真提供：福島県立博物館
撮影：佐久間庄司

元になった土偶
福島県三島町荒《あら》屋《や》敷《しき》
遺跡出土 土偶
三島町教育委員会蔵

元になった土偶
青森県青森市三内丸山遺跡出土 大型板状土偶
青森県教育庁文化財保護課蔵

正面から見る

横から見る

写真提供：福島県立博物館
撮影：佐久間庄司

後ろから見る

縄文美人のつくりかた

Q：縄文時代はスッピンですよね？
A：縄文時代の化粧について、土偶から想像してみましょう。

顔に装飾のある土偶

顔にある線が入墨や化粧を表していると考えられます。
それぞれのパターンに意味があったのかもしれません。

※ベンガラ…
赤鉄鉱を原料とした赤色顔料

土偶の中には口の周りや目の下、頬に幾筋か線が引かれたものがあり、これは、当時の入墨を表しているといわれています。入墨は魔除けであり、立場や所属の集落を表すものであったとも考えられています。きっと男女共に成人の証として入れていたのでしょう。その他、女性であれば美しさを、男性であれば強さを示すものだったとしても、なんら不思議ではありません。もしかするとベンガラ（※）などで赤くペインティングしている人達もいたかもしれません。

今のような化粧ではありませんが、縄文時代にも顔に何かしらの表現を施し、言葉以外のメッセージを周りに送っていたのではないかと想像できます。

鯨面《げいめん》土偶と言われ、顔に入墨を施した人を表現したとされます。
びっしりと点を入れてなかなかの迫力。

仮面をつけた土偶と考えられています。唇にも点を細かく施し、特に目の周りに丹念に入れられた模様が材質の表現や入墨を連想させます。

縄文時代の世帯構成って？

Q：1つの家に何人が住んでいたのですか？
A：5〜6人ほどで暮らしていたようです。

縄文人たちの暮らし方についてはいろいろなケースが考えられていますが、1つの住居に5〜6人ほどが暮らしていたようです。では、その構成はどのようなものだったのか。

現代の世帯構成をもとに考えると、両親とその子供たち、場合によっては、祖父母も一緒のこともあったでしょう。

ただ、縄文時代も現代の構成に近いと思われますが、実際はよくわからないことが多いのです。

現代のような形だと…

現代の世帯に当てはめて考えるとこんな形に。

あるいはこんな形も?

この他にも、何人かの子供たちの面倒をまとめて見る人がいたりしたかもしれません。

例えば、同じ住居跡から親族と思われる複数の人骨が出土したとしても、縄文時代に生きたすべての人たちが、同じ構成で暮らしていたとは言い切れません。それは現代と同じで、世帯の構成はいろいろあるからです。そもそも、現代のようにパートナーを1人に決めていたのかさえもわかっていません。専門家によっては、縄文時代は男性が女性の家に通ってくる通い婚だったのではないかと考える人もいます。これも、無いとは言い切れません。何らかの事情で親を亡くした子供を引き取って、自分の子供と一緒に育てることもあったのではないのでしょうか。

1万年以上の時が流れた縄文時代ですから、1世帯の形態もいろいろあるのが自然です。ただ、1人で厳しい環境を生き抜くことは難しく、少なくとも数人の単位で暮らしていたことは間違いないでしょう。

みんなで作る建築物

Q：住まいは現代のように大工さんが建てていたのでしょうか？

A：おそらく集落の男たちが皆で協力しながら家を建てていたと思われます。

当時の住まいと考えられている「竪穴住居」。その作り方はいろいろありますが、ここでは一例をご紹介します。

竪穴《たてあな》住居を作ってみよう

START

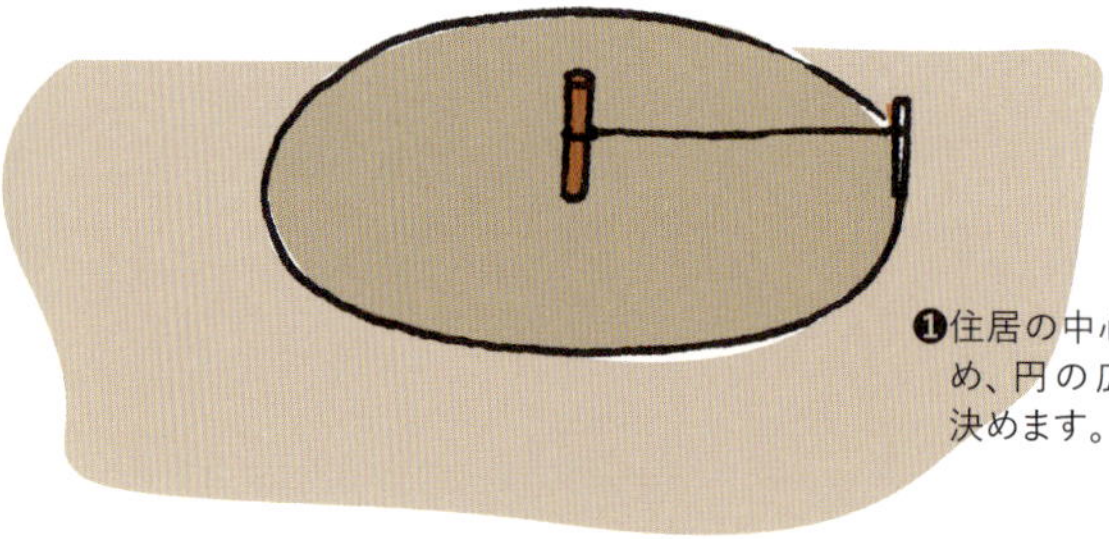

❶住居の中心を決め、円の広さを決めます。

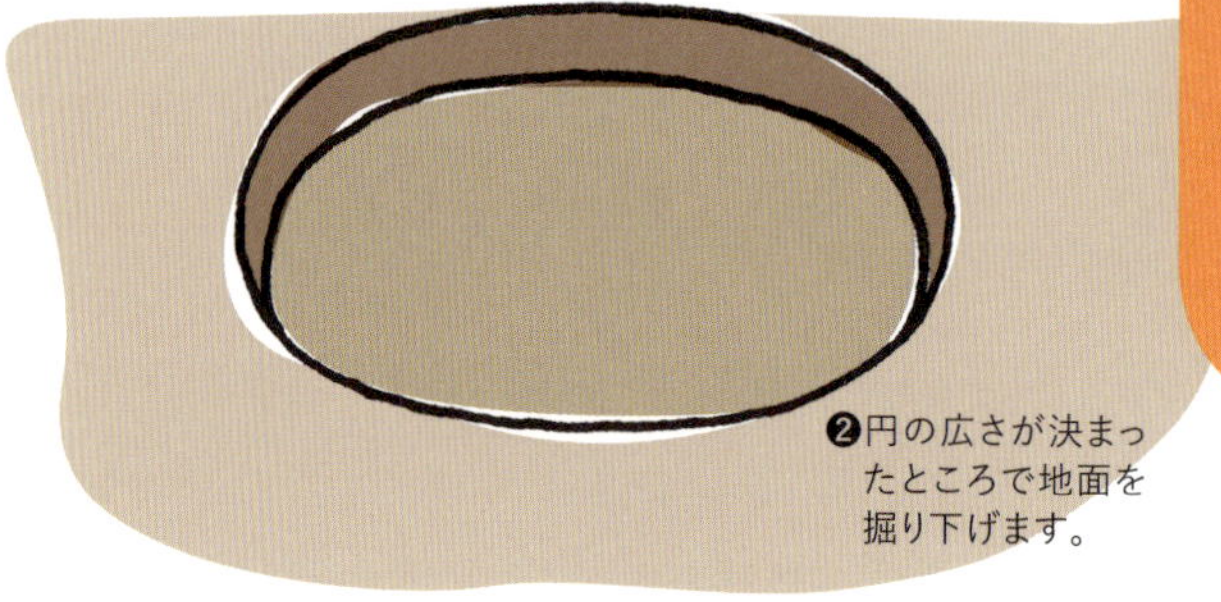

❷円の広さが決まったところで地面を掘り下げます。

※このとき、地面を掘り下げた際の土が崩れてこないように、丸木を割った板をぐるっと壁に取り付けます。

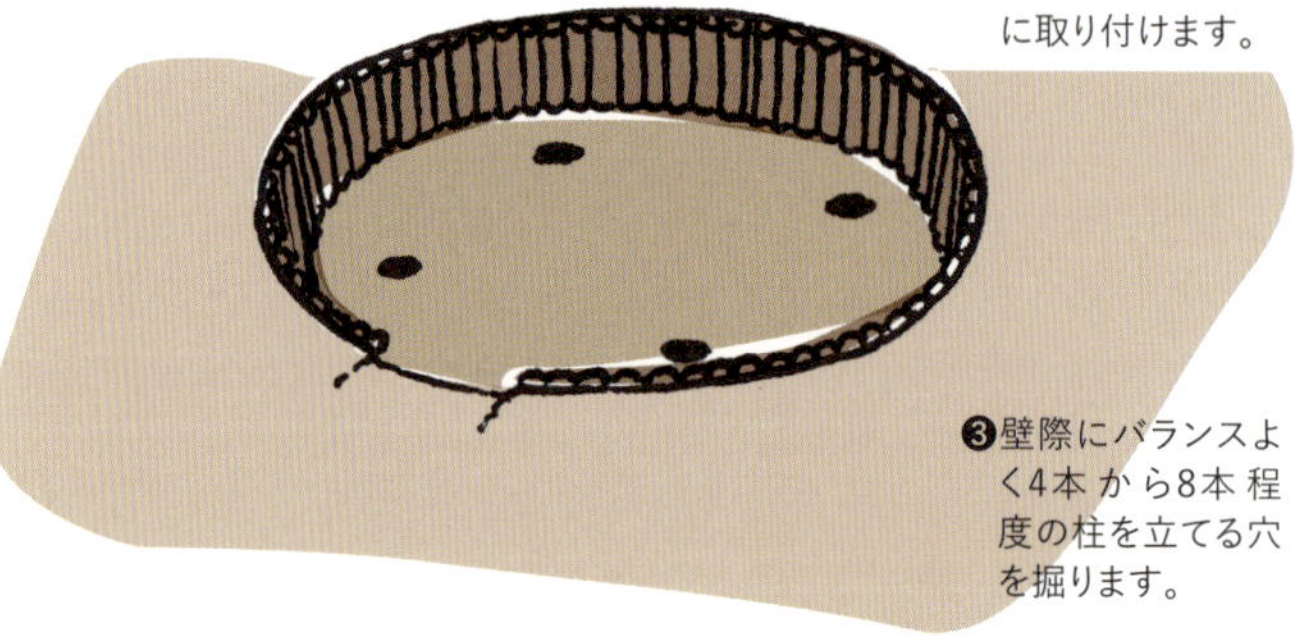

❸壁際にバランスよく4本から8本程度の柱を立てる穴を掘ります。

❹柱を立て、ふじづるなどで結んで組んでいきます。これが家の土台となる骨組みになります。

❺土台の上に屋根の骨組みを結んでいきます。

❻入り口を作り、茅《かや》を葺《ふ》いていきます。

FINISH!

❼完成です。環境にもよりますが、10〜30年ほど保つとも言われています。

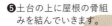

土葺きの家

縄文時代の住居といえば茅葺きをイメージしますが、環境によっては土葺きがメインの地域もあったようです。

❶作り方は途中まで茅葺きと同じです。

❷骨組みに樹皮や草木で下地を作ります。

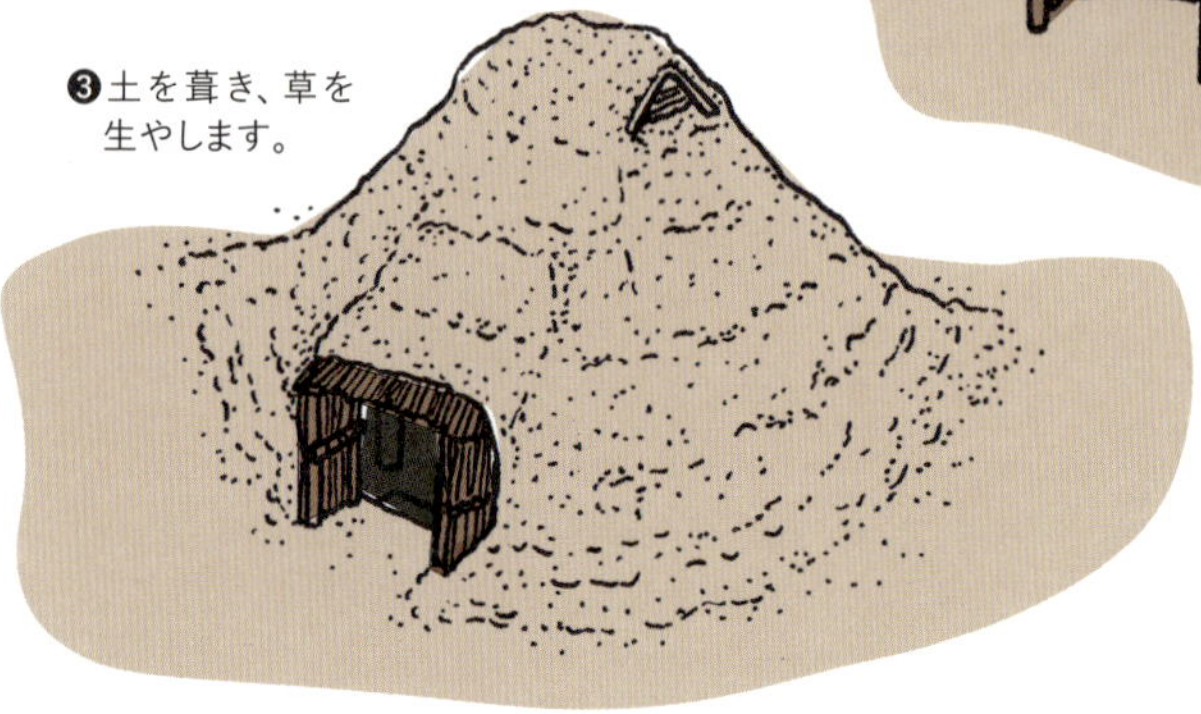

❸土を葺き、草を生やします。

茅葺きの住居の場合、最後に茅を使いますが、その茅の代わりに樹皮や草木で下地を作り、その上に土を葺いたものが土葺きです。更に草などを生やして屋根に根を張らせ、崩れないようにしていたと考えられます。

またおそらく、夏の間は茅葺きの家に住んでいたのではないでしょうか。というのも土葺きの家は、茅葺きに比べて密閉度が上がります。そのため、室内の湿度も茅葺きに比べて上昇したはず。炉で火を焚くことで空気を乾燥させ湿度を下げていたようですが、夏と冬では住まいを変えていてもおかしくありません。

土葺きの場合、室内の温度は夏は外気よりも10℃ほど下がり、冬は暖かくなります。

縄文建築

土葺き

樹皮葺き

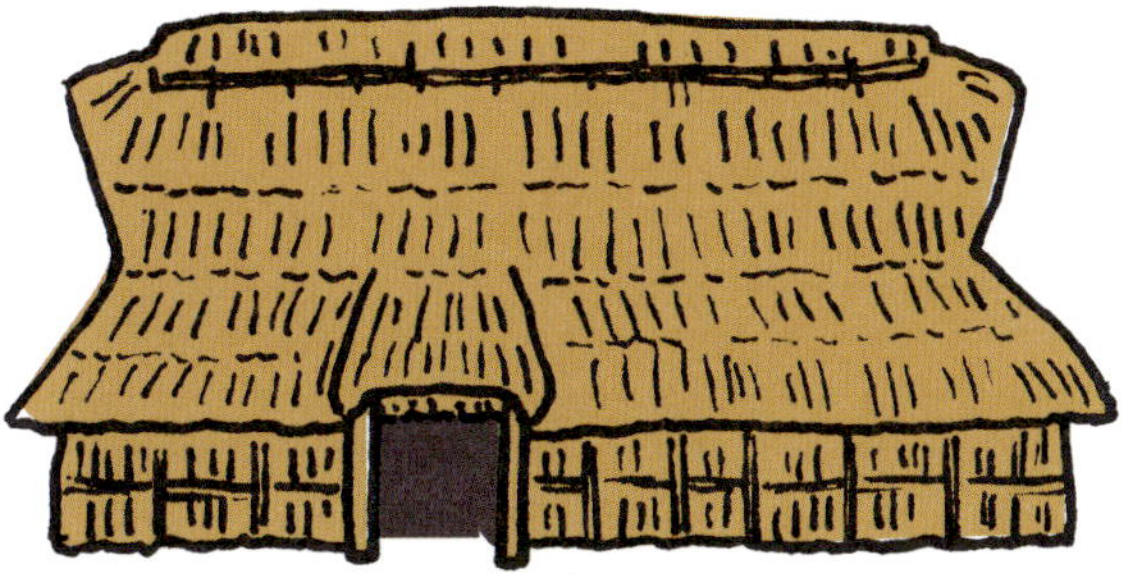

大型建物　ただし、こうした遺構《いこう》は住居であったという断定ができないので、竪穴建物跡《たてあなたてものあと》とも呼ばれます。

掘立《ほったて》 柱《ばしら》 建物《たてもの》

茅葺き

住居内の様子
住居の中ではどの形であれ室内の炉で火を焚いて、骨組みとなる木材を燻し長持ちさせていました。

竪穴住居の『間取り』

Q：建て方を見て思ったのですが、つまり竪穴住居って今で言うワンルームですか？

A：そうです。ワンルームでした。

竪穴住居を覗いてみよう！

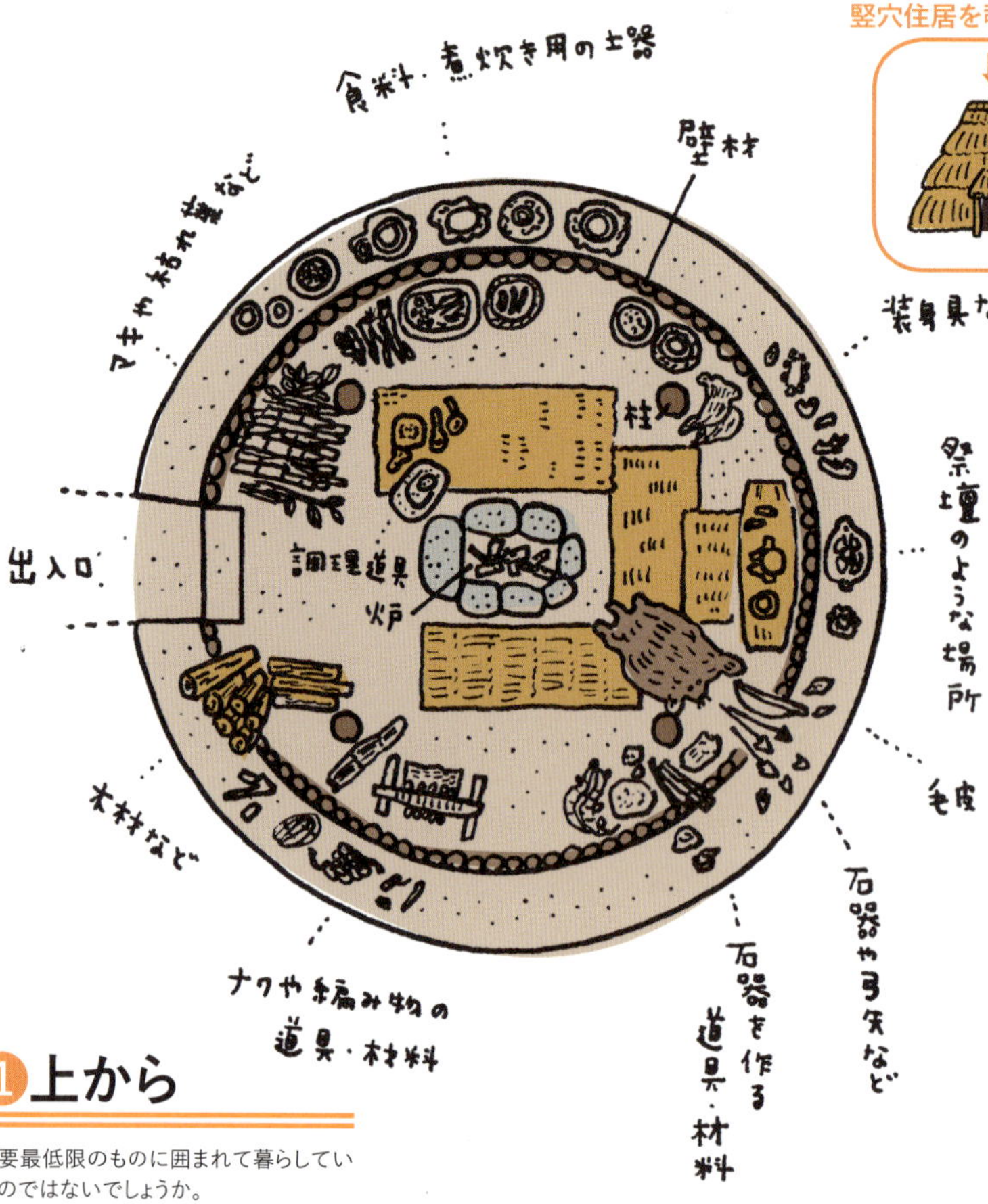

❶ 上から

必要最低限のものに囲まれて暮らしていたのではないでしょうか。

一般的な住居はだいたい直径5mほどの円形、または楕円のような形をしていて、その中央に炉がありました。炉の周りは皆が食事をする場所でもあるので、叩き締められて硬くなった床の上に、植物で編んだ敷物などが敷かれていたようです。料理で使う磨石《すりいし》や石皿、煮炊き用の土器が壁際に置かれ、入り口から1番奥には祭壇のように土偶などが置かれていたかもしれません。

炉の上に作られた棚は、肉や魚を置いて薫製にするために使う他に、普段は使わない荷物などの物置として使っていたと考えられています。

約10帖ほどのスペースに5～6人が暮らすわけですから、物置場や寝る場所、座る場所などはある程度決まっていたのではないでしょうか。

現代のワンルーム同様、縄文時代も空間に棚を作ってデッドスペースを活用していたようです。

素朴なギモン

Q 水回りはどうしていたの？

A 家の中に、現代で言う水回りに相当するような設備はありません。日々の生活に必要な水は近くの川に汲みに行き、その水で料理を作ったり、飲み水にしていました。お風呂は見つかっていませんが、近くの水場で水浴びぐらいはしていたかもしれません。トイレも家の中にはなく、少し離れた場所で用を足していたと考えられますが、バクテリアによって排泄物は分解されてしまうため、縄文時代のトイレはまだ発見されていません。

②横から

様々な工夫を凝らして、手狭になりがちな住居の中をすっきりさせていたことでしょう。

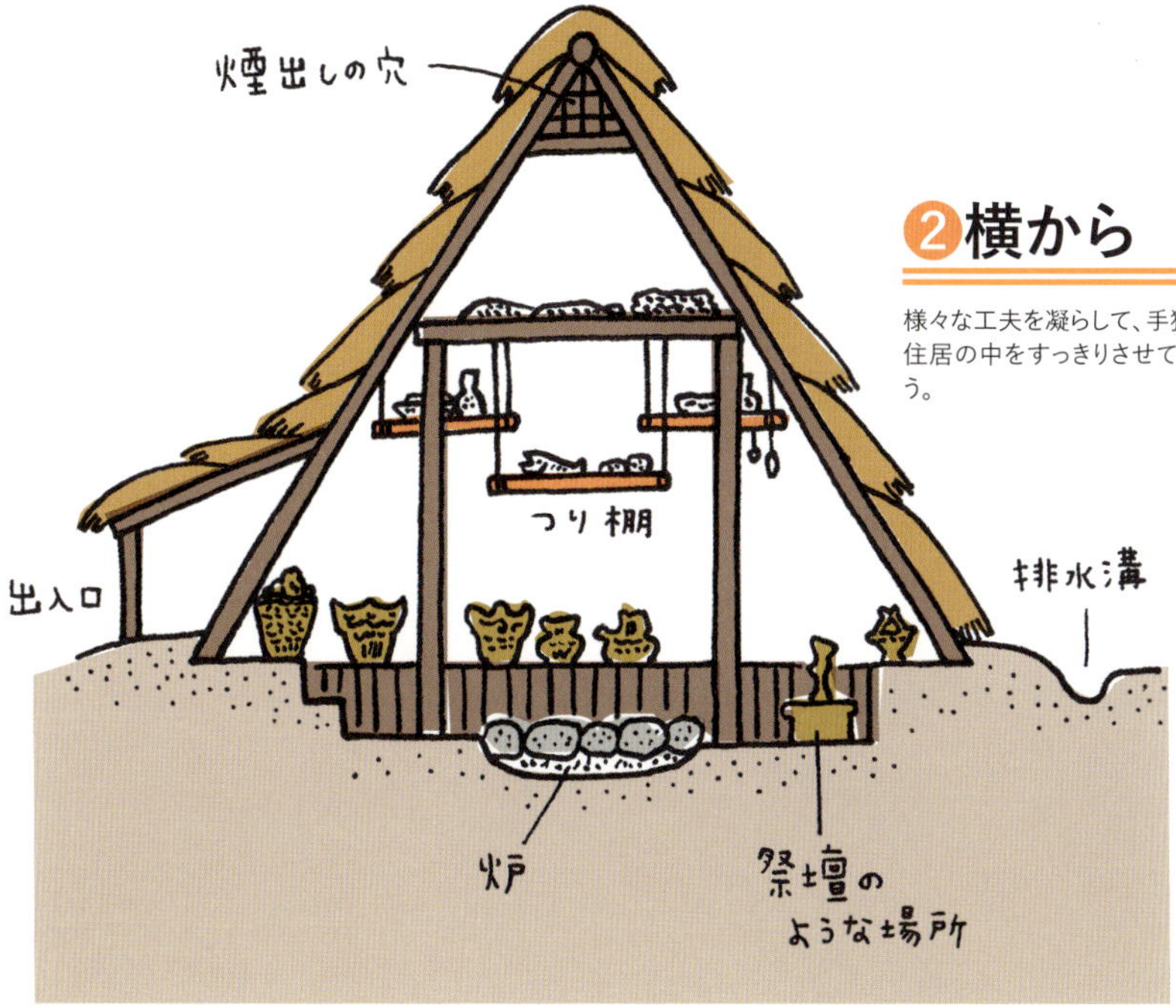

糞石から見える？おトイレ事情

Q：トイレはどうしていたのですか？

A：遺跡から見つかる「糞石」でわかるかもしれません。

貝塚から「糞石《ふんせき》」といわれる化石化した排泄物が発見されることがあります。通常、有機物である人や動物の排泄物は、そのままの状態で放置されると雨で溶けたり、微生物に分解されたりして、姿が残ることはありません。

しかし、貝塚（48ページ）などに排泄物が捨てられた場合は、カルシウム分が作用するため排泄物が化石化するのです。

糞石の形状や成分、そしてその中から見つかる寄生虫の卵を分析することで、縄文人たちの食生活や健康状態がより鮮明に見えてくると考えられます。しかし、困ったことに排泄した存在が人なのかイヌなのかの判断がつかないことが多いのだそうです。

イヌのもの？ヒトのもの？

形が似ているためか、イヌとヒトの糞石の区別はつきにくいようです。

原寸糞石図鑑

糞石

研究者によって大別された糞石。化石化した糞石は、その形から「はじめ」「直状」「しぼり」「バナナ状」「コロ状」「チビ状」と、大別されています。

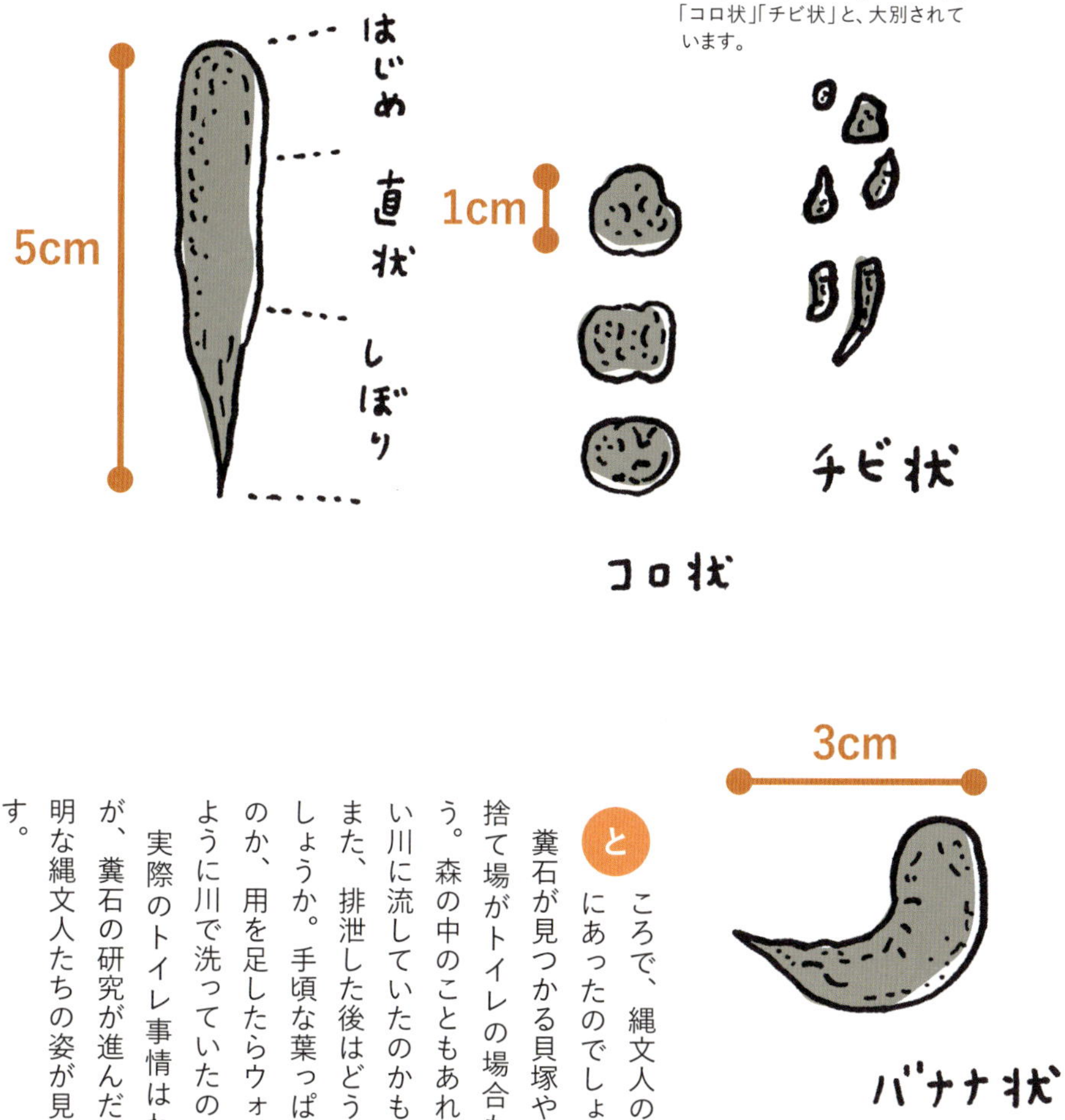

ところで、縄文人のトイレはどこにあったのでしょうか。

糞石が見つかる貝塚や、住居近くの捨て場がトイレの場合もあるでしょう。森の中のこともあれば、流れが速い川に流していたのかもしれません。また、排泄した後はどうしていたのでしょうか。手頃な葉っぱで拭いていたのか、用を足したらウォシュレットのように川で洗っていたのか。

実際のトイレ事情はわかりませんが、糞石の研究が進んだ暁にはより鮮明な縄文人たちの姿が見えてきそうです。

貝塚は宝の山

Q：集落の中でごみを捨てたところが「貝塚」だったんですよね？

A：現在では研究が進み、単なるごみ捨て場ではないということがわかってきました。

貝塚というぐらいですから、大量の貝殻が廃棄されています。ですが貝殻以外にも、土器や土偶、石器、骨角器、さらには縄文人やイヌの骨まで見つかっているのです。

　これは一体どういうことなのでしょうか。

　研究者の中でも諸説ありますが、一説には、縄文人にとって不要になったもの、役目を終えたものになんらかの「送る儀礼」を執り行い、貝塚に埋めていたのではないか、ともいわれています。これは「モノに宿る命」を彼らは大事にしていて、その命が再び自分たちのもとへと戻ってきてくれるように天に返す儀礼だったのではないかと考える人もいます。

　また、貝塚には先ほど46ページでお話ししたようなメリットもあります。土壌が酸性の日本では有機物である人骨や植物遺体、動物の骨などは土中の微生物によって分解され、なかなか残りません。しかし貝塚では貝のカルシウム分によって土壌がアルカリ性に傾くため、これらが比較的残りやすいのです。その結果、貝塚に残されたものを研究、分析することにより、どんな物を食べ、どんな生活道具を使って暮らしていたのかなど、縄文人の暮らしの実態が明らかになってきたのです。

　貝塚はごみ捨て場どころか、縄文人の生活の痕跡が積み重なった、宝の山と言った方がいいかもしれません。

ごみともとれるもの

ごみとは思いにくいもの

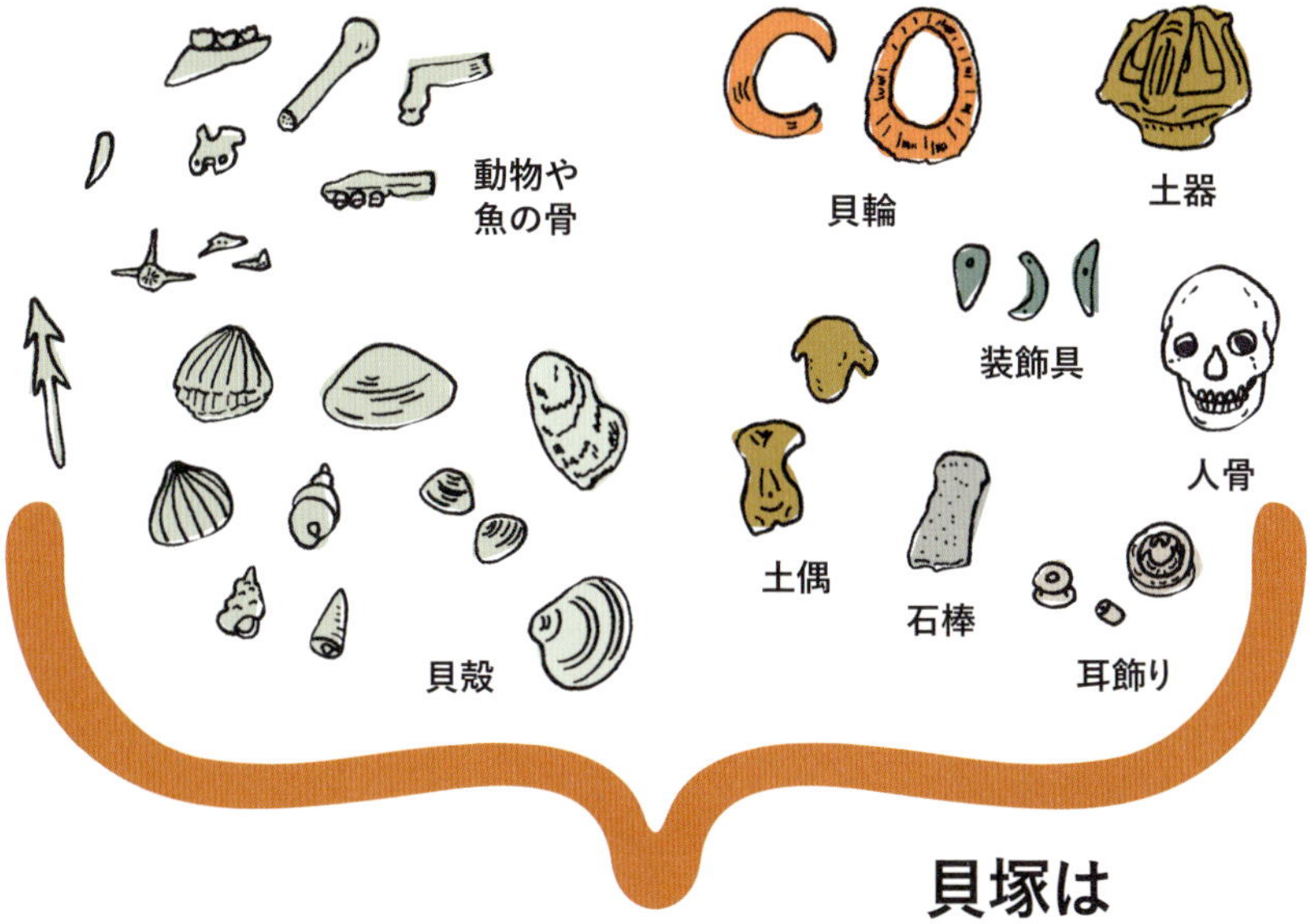

貝塚は儀礼の場？

まるでそれを示すかのように、貝塚の底に土器とシカの骨が埋められていたこともあります。

縄文のイヌと弥生のイヌ

縄文犬

体高30〜40cm前後

縄文時代に生きたイヌを「縄文犬」、弥生時代に生きたイヌを「弥生犬」と呼んで区別しています。この両者には、出土した骨からの推定で、ほんのわずかな違いがあるとされています。骨から推測されるため確かなことはわかりませんが、古代の犬は今の犬よりも凹凸の少ないキツネのような顔をしていたようです。

現在国内で日本犬と言われる犬種が8種類存在しています。国の天然記念物に指定されている秋田犬、北海道犬、甲斐犬、紀州犬、四国犬、柴犬。沖縄県の天然記念物として指定されている琉球犬、そして天然記念物指定はされていませんが、三河犬が知られています。そのうち北海道犬（アイヌ犬）と琉球犬は遺伝子構成が近いことが分かっています。また本土（本州、四国、九州）で暮らす犬には、朝鮮半島からもたらされた遺伝子が存在していました。これらはどうやら前述の縄文犬と弥生

弥生犬

体高45cm前後

額から鼻にかけての
くぼみがややきつい

犬に関係しているようなのです。

南方から人とともに日本列島に渡った縄文犬は、人の広がりと同じように日本全土に生息しました。時を経て弥生時代になると、大陸から渡来の人とともに弥生犬が渡ってきます。その際、縄文人と渡来の人々が交わったように、犬たちも交わったと考えられています。その結果、現在本土で暮らす日本犬には朝鮮半島の犬からもたらされた遺伝子が残ることとなったのです。つまり遠く離れた北と南に暮らす犬の遺伝子構成が近いというのは、縄文時代から弥生時代に移り変わる際、人としても交わりがほとんどなかったように、犬たちも大陸から来た弥生犬とほとんど交わらず、結果、縄文犬の遺伝子が残ったのではないかと言われています。

参照 田名部雄一「日本犬の起源とその系統」1996

暮らしのパートナー『イヌ』

Q：縄文時代の人とイヌとの関係ってどんな感じだったんですか？

A：縄文人にとって、イヌは大事な相棒でした。

現代と同様に縄文時代も人とイヌとの結びつきは強いものでした。元々イヌは、野生のオオカミを家畜化したものだと言われていますが、縄文時代の遺跡から発見されるイヌは、人と共に列島に渡ってきたのだと考えられています。

縄文人にとって、イヌは狩りの大事な相棒でした。大きなイノシシにも果敢に立ち向かったのか、見つかるイヌの骨は歯が折れていたり、骨折した痕が残っているものが多いそうです。また、それが治っているものも沢山あることから、骨折後も人がイヌの面倒をみて、天寿を全うしたということになります。出土するイヌの骨は全身揃うことが多く、人の手によって埋葬されたと判断されます。時には人と一緒に埋葬されていることもありますから、かけがえのない存在だったことが容易に想像できます。

そう考えると、縄文人も今でいうペットロスになるほど悲しんだのかもしれません。

相棒との別れ

たとえ狩りに出られなくなっても、
最期まで大切にされていました。

知られざる
縄文ライフ

2
章

縄文人の一生

縄文人のライフステージ

Q：縄文人の一生って、どんな感じだったのでしょう

A：想像するしかありませんが、誕生から亡くなるまでを見てみましょう

誕生

母子ともに命がけの出産は女性にとって、大仕事。無事に産まれました！

幼少期

野山を駆け回りながら、すくすく成長。ですが、まだまだ油断は禁物。ちょっとした病気で命を落とすことも。

成人

成人として認められる抜歯（58ページ）も済ませ、これから働き盛りとして集落の頼れる存在に。

狩りの怪我で亡くなる

イノシシ狩りに行った際に負った怪我が悪化し、あっという間に命を落としてしまいます。

埋葬

同じ集落の人も眠る墓域に埋葬されます。悲しいけれど、生活の場とお墓が近いことで心は少し癒されます。

ますます狩りに精を出す

世帯を支える働き手として、今まで以上に仕事に励みます。

出会い

偶然出会った隣りの集落の娘と恋に落ちます。

一緒に暮らしだす

無事に子どもに恵まれ、女性が世帯を切り盛りしながら幸せな生活を送ります。

遊びは学び

Q：子どもたちの遊びって？

A：生活と遊びが直結していたのではないでしょうか

当時の子どもたちにとっては、生活のすべてが遊びであり、その遊びを通して生きる知恵を獲得していったと考えられます。

女の子であれば、母親や祖母の側について、お手伝いをしながら、一緒に森に入り、どんな植物が食べられるのか、薬草はどれか、どこにどんな植物が生えているのかなど、植物食料に関しての知識を蓄えていったことでしょう。森の中に実るアケビやヤマブドウは恰好のおやつにもなりました。食料の知識はもちろん、布織りの技術や土器を焼く技術等も大人と一緒に過ごすことで

女の子

布の編み方を教えてもらう

何が食べられるのかを学ぶ

どのように食べるのかを学ぶ

土器を作りを学ぶ

獲得したはずです。

男の子の場合、3歳、4歳の頃から、周りに狩りの道具を作る大人がいれば、そのそばに座って、じっと手元を見ていたことでしょう。親方の技を見て学ぶ、現代の職人の弟子のように、小さな頃から大人の姿を見て、脳裏に焼き付けるのです。その後は実践です。遊びの一環として見よう見まねで石器や鏃《やじり》を作ってみて友達と出来の良し悪しを競いながら技術を向上させていくのです。もちろん、道具を作るだけでなく、追いかけっこや木登りなどの遊びはしていたことでしょう。魚釣り競争などもしていたかもしれません。

男女ともにこうしてそばにいる大人の様子を観察するところからはじめ、実践しながら生き抜く力をつけていったことでしょう。

男の子

獲れそうな獲物に挑む
石器の作り方を教えてもらう
道具の使い方を学ぶ
手近な獲物で狩りの練習

成人式は痛みを越えて

Q：縄文時代にも成人式ってあったんですか？

A：成人式があったかはわかりませんが、大人になった証として抜歯をすることもあったようです。

特に縄文時代の後期以降、盛んに行われた抜歯は、「虫歯になったから」とか、「歯周病で歯がぐらぐらするから」という理由からではなく、大人になった証としてのことだったようです。

出土した骨の状態から地域差はありますが、だいたい上あごの左右の犬歯を成人の儀式の時に抜いたと考えられています。無理矢理引っこ抜くのですから、出血もかなりしたでしょうし、当時は麻酔があるわけではないため、その痛みは想像しがたい激痛だったのではないでしょうか。痛みに気絶する人もいたかもしれません。しかし、その激痛に耐えてこそ大人の証だったと考えられます。

抜歯《ばっし》でわかる出身地？

地域によって抜歯の箇所には違いがありました。

参照 山田康弘『縄文人がぼくの家にやってきたら!?』2014

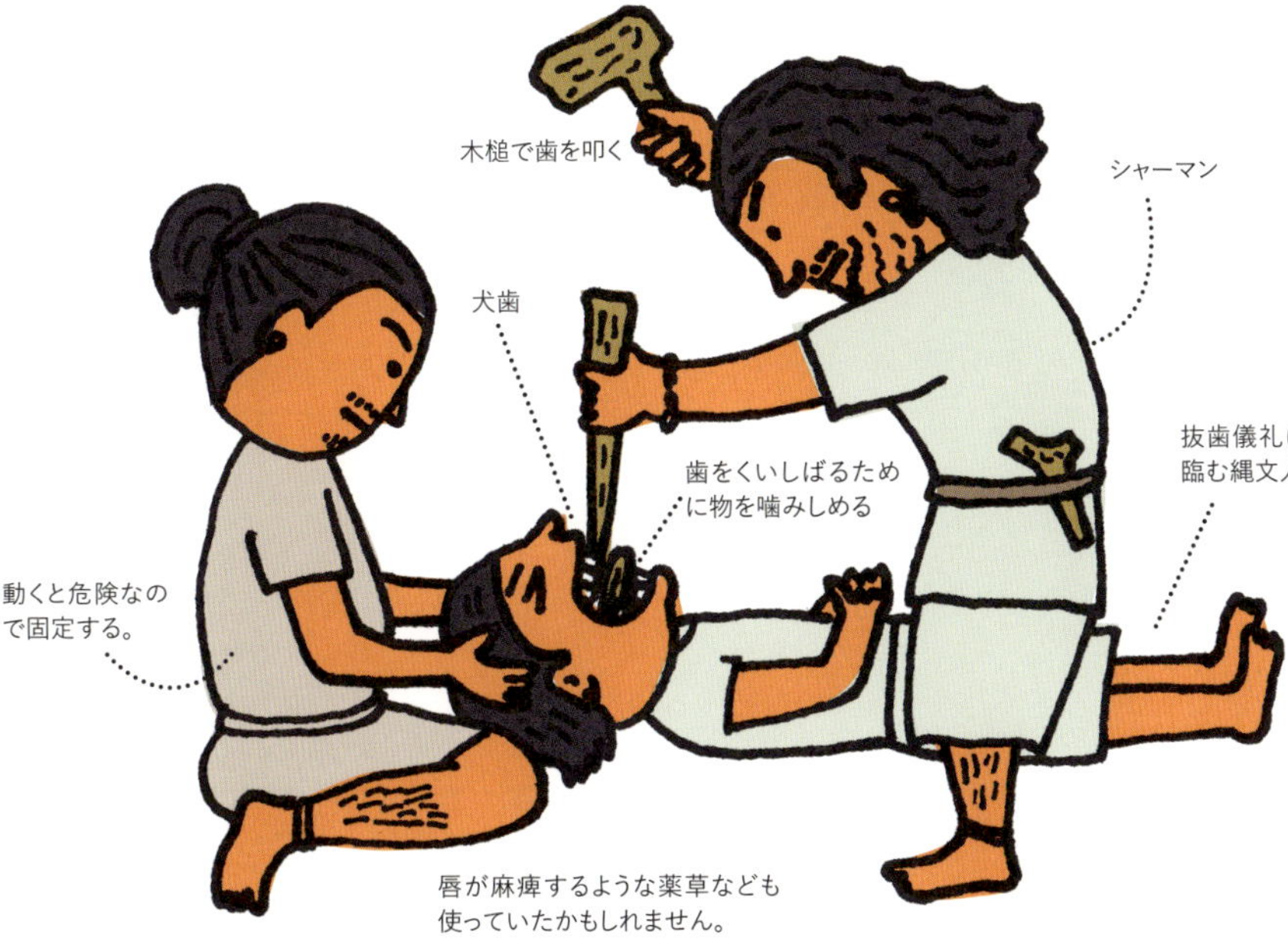

抜歯はシャーマンの役目

現代の医者の役割も担っていたシャーマン（呪術師）によって抜歯は行われたようです。

歯に残る痕跡

ごく少数ではありますがシャーマンとおぼしき人骨の骨にはフォーク状に削っていた痕がありました。

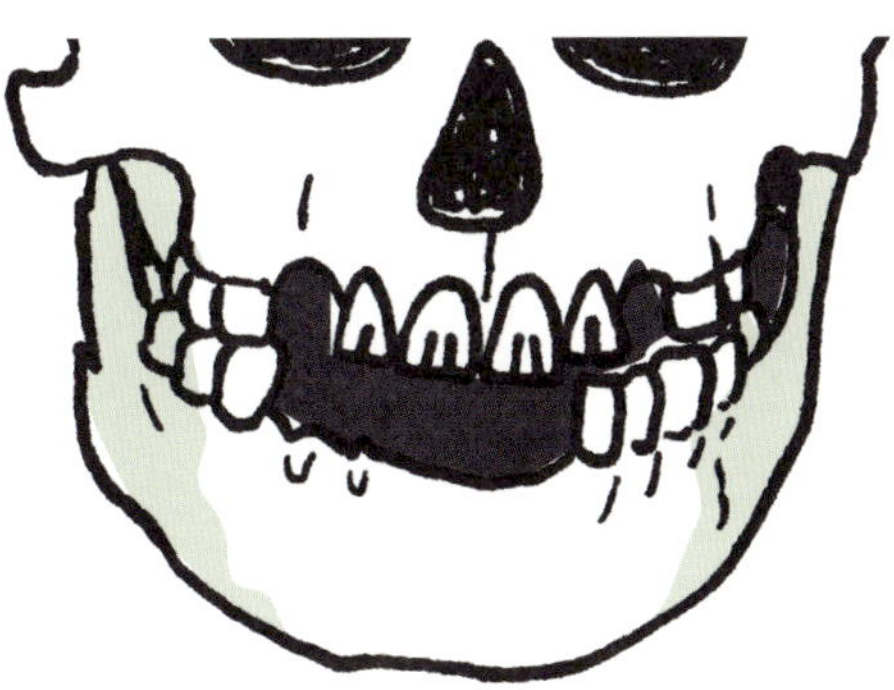

こうした抜歯は成人儀礼以外にも、結婚や身内の死など様々な機会に行われていたと言われています。

いずれにしても、考えるだけでこちらの血の気がひきそうな話ですが、大人になるということは今も昔も本当に厳しいことです。

今も昔も祭りは出会いの場

Q：縄文時代はどうやって人と出会っていたんですか？

A：その1つが、近隣の集落が集まって行う祭りだったと考えられます。

今よりも人口が少なく、そして近隣の集落とも距離があった縄文時代。日常的に他の集落の人と出会うことは難しいでしょう。

そこで考えられる出会いの場はいくつかありますが、その1つとして、近隣の集落が集まって行う祭りが大きなイベントだったのではないでしょうか。

縄文時代の祭りは、祀りの場でもあったと考えられています。つまり、人々が集まり、自然に対して祈りを捧げる場であったということ。「シカやイノシシ、魚介類がたくさん獲れるように」「森にクリやクルミがたくさん実るように」「子宝に恵まれるように」「皆が健康で健やかに暮らせるように」など、祈りを捧げる祀りをしていたと考えられています。

実際に縄文時代の遺跡からは、何らかの儀礼を行ったとされる場所が数多く発見されており、祈る道具として使われたとされる土偶（124ページ）や石棒《せきぼう》（136ページ）なども見つかっています。

そして祀りと同時に祭りも開催されたはず。遺跡からは土笛や動物の皮を貼って太鼓として使ったと思われる土器も発見されていますから、歌や音楽が流れて賑やかだったことでしょう。

娯楽が今のように沢山あるわけではありませんから、長老から働き盛りの人たちはもちろん、子供たちも参加を心待ちにしていたはずです。

祭りの様子

現在と同じように、彼らにとってこうした祭りは日々の暮らしの延長でもあり、非日常の1コマでもあったのではないでしょうか。

有孔鍔付土器《ゆうこうつばつきどき》
口の部分に動物の皮を貼って太鼓として使ったとも酒造りに使われたとも言われます。

みんなが集まる場で知らない集落の者同士が仲良くなるには、車座になって食事を共にすることが一番です。

どこの森にはどんなキノコが生えている、今年はサケがよく獲れるなど生活に欠かせない情報を交換したり、シカの角で出来た自慢の釣り針を見せ合ったりしたのかもしれません。

そして時には恋の予感も……。隣りに座った子は面白くて話しやすいわ、あの焚火の向こうに見えるあの子は逞しくて、狩りも上手いんじゃないかしら。シカの肉を分け合いながら、祭り独特な高揚感の中、素敵な人との出会いがあったかもしれません。

祀り（祭り）の場は、祈りを捧げることはもちろんのこと、出会いの場としても大切にされていたのではないでしょうか。

宴もたけなわ

ニワトコやヤマブドウなどの果実で作ったお酒を飲んでいたのかもしれません。

とっておきのお洒落

Q：さっき「普段の服」って話がありましたけど、特別な服もあったってことですよね？

A：特別な祭りの日には、晴れ着を着て参加していたと考えられています。

ハレの日と考えられる特別な祭りの日には、ハレの日用の豪華なアクセサリーや勝負服を着て参加していたと考えられています。

　というのも、縄文時代に作られた土偶に、縄文人たちが身に着けていたであろう飾りや服の模様が施されているといわれているからです。ヘアスタイル（32ページ）でもお話ししたように、土偶には耳飾りや櫛を挿していると思われる表現が見受けられるものが多くあります。

　遺跡から発見されるヒスイやコハクといった貴重な石を使ったアクセサリーを身に着け、頭には赤漆の櫛を挿し、自分の集落を表す模様を縫い込んだ服を着て祭に参加していたのかもしれません。

　土偶の模様と縄文人が着ていた服が同じだったとしたら、とても素敵な姿が見えてきます。宇宙を表すような渦巻きと空に散らばる星のような細やかな点が施された服を彼らは身につけ、祈っていたのです。自然と一体になっていたのかもしれませんね。

土偶から再現！

土偶をもとにイメージすると、きっとこんな感じ。

column

縄文デートと愛の営み♥

ここでは縄文人たちのデートについて考えてみたいと思います。といっても、そもそも彼らにデートという感覚があったのか定かではありませんので、あくまで想像になるのですが。

男女の出会いの場は、祭りなどの周辺地域の人々が集る時が多かったのではないかという話はすでにしました。つまり、次は会えるかどうかわからない「一期一会」。そうなれば祭りの間に意中の人を決め、その人がどこの集落に住み、子づくりを考えるならば、相手がどんな世帯構成なのかを聞き出さなくてはなりません。

すべてが首尾よく進み「よし、この人だ!」と思ったら、次の段階。目印になる場所(皆が知っている巨木とか森の中の少し開けた場所とか)、日時(出会いの日から太陽が南の空に何回昇った日とかを目安に)を決めて2人の時間を楽しんでいたかもしれません。

春には山菜を摘みながら野花の鑑賞をしたり、秋の収穫時期なら2人で森に入り、キノコを採ったりクリを拾ったりしながらおしゃべりを楽しみます。もしかすると今の言い方をすれば収穫デートが当時の主流で、共同作業をしながら、働き者か、植物の知識はあるかなど、パートナーとして最適な相手かどう

か判断していたかもしれませんね。

さて、現代の縄文遺跡をめぐるツアーの中で、参加者からこっそり質問に上がるのが「愛の営みはどこの場所でしていたのか」ということだとか。なるほど、確かにそれは気になります。10帖ほどのスペースに5〜6人が暮らし、その上、間仕切りもないワンルームの竪穴住居の中でどのようにしていたのでしょうか。

これは想像の域を出ませんが、やはり同居の人々が寝静まってからというのが一般的だったと思われます。場合によっては屋外で、ということもあったでしょう。もっと言えば、昼も夜も関係なかったかもしれません。そもそも現代人は昼間に仕事をしている関係上、夜、もしくは朝に愛を確かめ合うのが一般的ですが、狩猟・採集の仕事があるとはいえ、この時代はそこまで時間の制約はなかったはずです。となれば、お互いの合意があれば、場所や時間を気にすることなどなかったのではないでしょうか。

そう聞くと「縄文時代はおおらかな性の営みっぽくていいよね」と思うかもしれません。しかし子供を増やすことは彼らにとって集団を維持するためには欠かせない、大切な仕事の1つであるということを忘れてはいけないかもしれません。さらに、彼らはきっと長い歴史の中で、生きのびていくための知恵として、同じ集落の中で交わることは極力避け、祭りなどで外部の集落と交流し、愛し合う人を見つけていたことでしょう。

縄文・トレンドアイテム

Q：当時のアクセサリーにはどんなものがあったんですか？

A：縄文人たちは、それはそれはオシャレな人たちでした。まずは、そのいくつかを見てみましょう

❶ 漆塗り櫛（重要文化財）
北海道恵庭市 カリンバ遺跡118号墓出土
恵庭市郷土資料館蔵

❷ サメの歯の額飾り（恵庭市指定文化財）
北海道恵庭市 カリンバ遺跡135号墓出土
恵庭市郷土資料館蔵

❸ 漆塗り髪飾り（重要文化財）
北海道恵庭市 カリンバ遺跡118号墓出土
恵庭市郷土資料館蔵

❹ 土製耳飾り
新潟県上越市 籠峰遺跡出土
上越市教育委員会蔵

❺ 玦状《けつじょう》耳飾り（重要文化財）
栃木県宇都宮市 根古谷台遺跡出土
宇都宮市教育委員会蔵

❻ 首飾り（恵庭市指定文化財）
北海道恵庭市カリンバ遺跡135号墓出土
恵庭市郷土資料館蔵

❼ ヒスイ大珠
青森県青森市 三内丸山遺跡出土
青森県教育委員会蔵

❽ 垂飾（重要文化財）
石川県野々市市 御経塚遺跡出土
野々市市教育委員会蔵

❾ 貝製装身具
長野県佐久郡北相木村
栃原岩陰遺跡出土
北相木村考古博物館蔵

縄文・トレンドアイテム

私たちが普段、気軽にアクセサリーを身に着けるように、縄文人たちは普段からいろいろなアクセサリー（装身具）を身に着けていたわけではありませんでした。

しかし、そんな縄文人たちも普段から土を焼いて作った耳飾りは身に着けていたと考えられます。子供の頃に耳たぶに穴を開け、年齢に応じて穴に嵌め込む耳飾りのサイズを上げていきます。遺跡から見つかる耳飾りの中には直径9cm以上の飾りもあるといいますから、成人した時にはかなり大きなものを嵌めた人もいたようです。

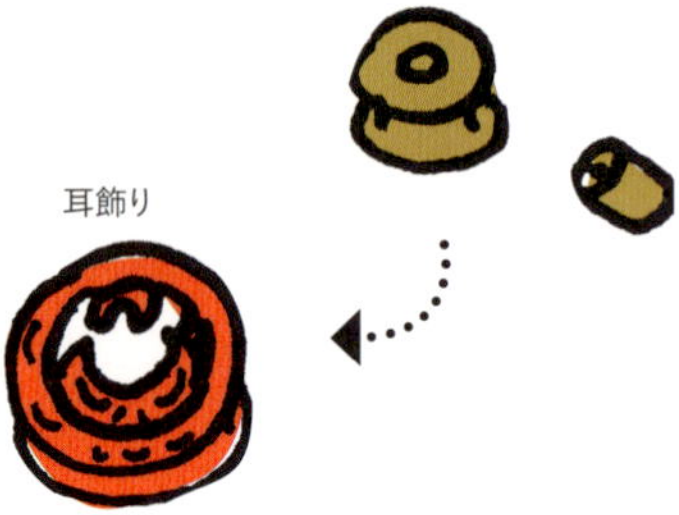

耳飾り

年齢とともに大きな耳飾りに変えていく、普段使いのアクセサリー。

シカの角でできた飾りや貝製の腕輪など、特別な日のアクセサリー。

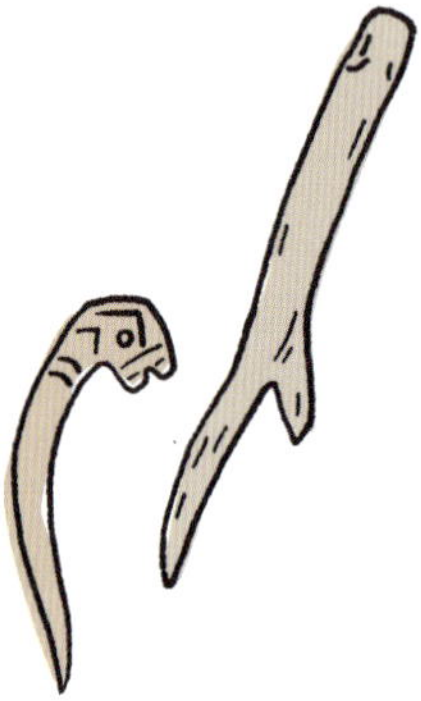

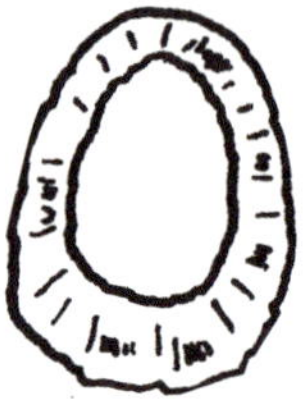

腕輪

その他の装飾品、例えばヒスイやコハクなどの珍しい石を使ったネックレスや、南洋にしか棲息していない貝で作った腕輪、シカの角に非常に繊細な模様を彫り込んだ腰飾りなどは誰もが普段から着けていたわけではなさそうです。遺跡からはこうした貴重な材料を使用したり、加工に手間がかかったりするものが見つかっていますが、多くの手間と時間をかけて作った貴重な品は、集落のオサや祀りの際に祈祷を行うシャーマン（呪術師）が身に着けていたと考えられています。自分の立場を表すためや、邪悪なものが寄り付かないように護符として身に着けたのかもしれません。

サメの歯やイノシシの牙の装飾品などはその強さを自分に取り込みたいと願って身に着けたとも考えられています。

もちろん、アクセサリーはオサやシャーマンなどの特別な人達だけではなく、モノによっては年に数回、他の人達も先程お話しした祭りに参加するために装着することもあったでしょう。私たちが初詣に晴れ着を着て行くのと同じように縄文時代のアクセサリーには「ハレの日」を演出する目的もあったのでしょう。赤漆で塗られた木製のブレスレットや繊細な櫛、シカの角で作られたヘアピンなどがその例と言えます。

こうしたアクセサリーは女性だけではなく、男性も身に着けていたようで、実際に装着したままの人骨が見つかっています。

耳飾り

年齢に応じて少しずつ大きいものを着けていたとすれば、耳飾りの大きさでおおよその年齢がわかる、なんてこともあったのかもしれません。

お洒落を楽しむ

先ほどのアクセサリーを着けて飾り立てた姿（イメージ）

自分を着飾り、より素敵に、より魅力的に見せたいと思うのは、いつの時代も人間の根源的な欲求なのかもしれません。

張り巡らされたネットワーク

白滝
十勝
赤井川
八ヶ岳
和田峠
霧ヶ峰
高原山
箱根
神津島
柏峠
黒曜石・サヌカイトの産地
黒曜石・サヌカイトの交易圏
ヒスイの産地
ヒスイの交易圏

広範囲で交換された交易品

黒曜石やヒスイ、サヌカイトのほかアスファルト、コハクなど、その品と範囲は様々です。

アクセサリーには、交易の結果もたらされたものも多くあります。

遺跡の発掘が進むにつれて、彼らの交易範囲の広さがわかってきています。彼らは自分の集落だけで必要なものをまかなっていたわけではなく、近くの集落はもちろんのこと、数百km、場合によっては1000km離れた地域とも交流し、生活に必要な品を手に入れていたようですね。

例えば、狩りに使う鏃や動物の肉を切るナイフとして彼らが好んで使った、ガラス質の火山岩である黒曜石。これは全国どこの場所からでも採れたわけではありません。北海道の白滝や十勝、長野の霧ヶ峰や和田峠、島根の隠岐などをはじめ、全国で約70ヶ所の産地があると言われています。産地ごとに少しずつ成分が違うため、遺跡から見つかる黒曜石を分析することで、どこの地域からそれがやってきたのか、ある程度わかるようになりました。その結果、黒曜石は主にそれぞれの産地を中心に半径200km から300km圏の範囲で流通していたことがわかっています。もちろん、より遠方まで渡っている場合もあります。いずれにしても流通しているということは、モノと共に人の交流があった証になるわけです。

黒曜石だけではなく、遺跡からみつかることがある大きなヒスイの玉も交易の証です。ヒスイは新潟県糸魚川市流域が良質な産地として知られています。その魅力が各地に伝わっていたのか、かなり広範囲の地域から出土しており、遠くは北海道南部や青森県青森市の三内丸山遺跡でとても立派なヒスイの玉が出土しました。

この他、特別な人が身につけたとされる装身具・ブレスレットの材料となったオオツタノハという貝。伊豆諸島南部以南の限られた島にしか生息しないこの貝が、なんと遥か彼方の北海道で見つかっているのです。

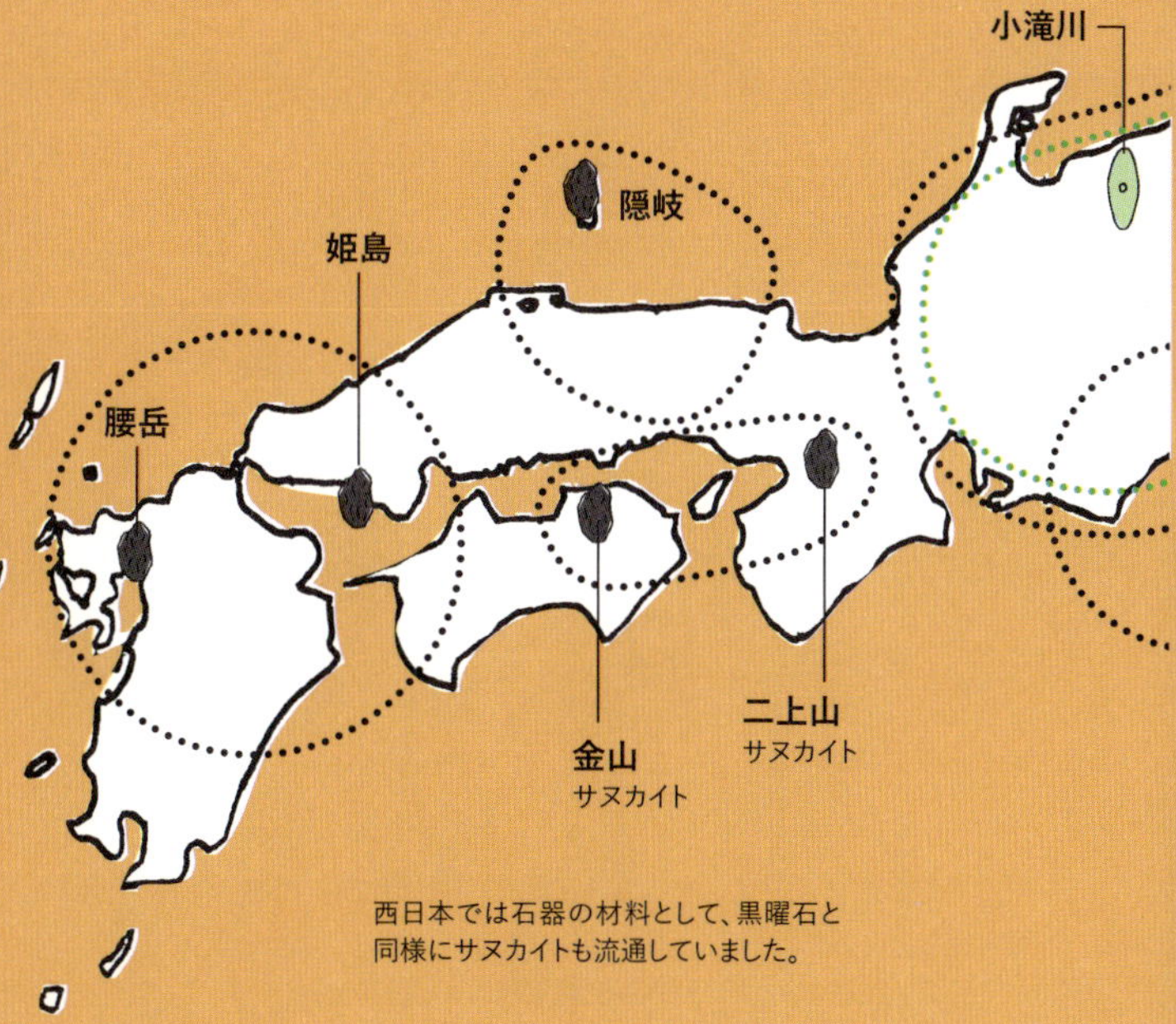
小滝川
隠岐
姫島
腰岳
二上山
サヌカイト
金山
サヌカイト

西日本では石器の材料として、黒曜石と同様にサヌカイトも流通していました。

バースコントロールはこの頃から

Q：縄文人は子だくさんだったのですか？

A：子だくさんかどうかはわかりませんが、妊娠・出産は骨から推定できます。

縄文時代の妊娠事情について少し考えてみたいと思います。

今のような戸籍もなければ、文字としての記録も残っていないので、正確なことはわかりません。ですが、古人骨を研究している研究者は、縄文人の初産は18歳から19歳ぐらいだったのではないかと考えています。想像していたよりも案外遅い年齢に驚きます。しかし、冷静に考えてみると、栄養状態が今ほど良くない時代ですから、初潮を迎える年齢が15、16歳程度だったとしても不思議ではありません。ちなみに、現代の日本ですと平均初潮年齢は早くなっているようで、12歳前後と言われています。

初潮を迎えなければ、当然子供を身ごもることはできませんから、初潮から数年後に出産したと考えれば、この初産の年齢も大いに考えられるのではないでしょうか。

それでは、18歳で初産を経験した女性は、一生のうちに何人の子供を産んだのでしょう。

確かなことはわかりませんが、世界各地に残る狩猟採集民のデータから類

推して、およそ4人ぐらいだったのではないかと言われています。

　これは、授乳期間にも関係があると考えられます。今でも授乳期間は親の状況や考え方で異なります。長い人になると、離乳食と併用しながら3年ほど授乳していたという話も聞きます。きっちり授乳している期間、女性の身体は排卵がないことが多く、その間は妊娠しにくくなります。

　例えば、離乳食として重湯のようなものを作り与えていたとしても、今のように栄養状態が完全ではなかったと考えられますから、その栄養だけに頼らず、ある程度大きくなるまで母親から授乳と言う形で栄養を受け取っていたのではないでしょうか。

もし、離乳食があったとしたら？

離乳食にお悩みのお母さ〜ん!!
重湯の作り方はねっ
とーってもカンタン!!
1. 灰汁ヌキした木の実とかイモを用意して
2. こまかーくすりつぶして!!
3. お湯でといてまぜる
できあがりよ!!

縄文人が離乳食を作っていたとしたら、こんな手順だったのではないでしょうか。

バースコントロールはこの頃から

仮に3歳まで何らかの形で授乳を続けていたとしたら、その間は妊娠しにくいわけですから、それほど長くない縄文人の寿命を考えると、一生のうちに4人という数字は妥当と言えるかもしれません。また、集落を維持していくためには子供はできるだけ多い方がいいわけです。ですから、妊娠できる間は可能な限り子供を作ろうと、もしかすると今以上に、妊娠・出産のタイミングをコントロールしていたかもしれません。

　これらは民族事例などから導きだしたものですから、違う見解ももちろん考えられます。いずれにせよ、様々な環境要因から類推すると子供を次々に産んでいた、ということではなさそうです。

縄文時代の親子

上の子が下の子の面倒を見られるよう年齢を離すという計画もあったかもしれません。

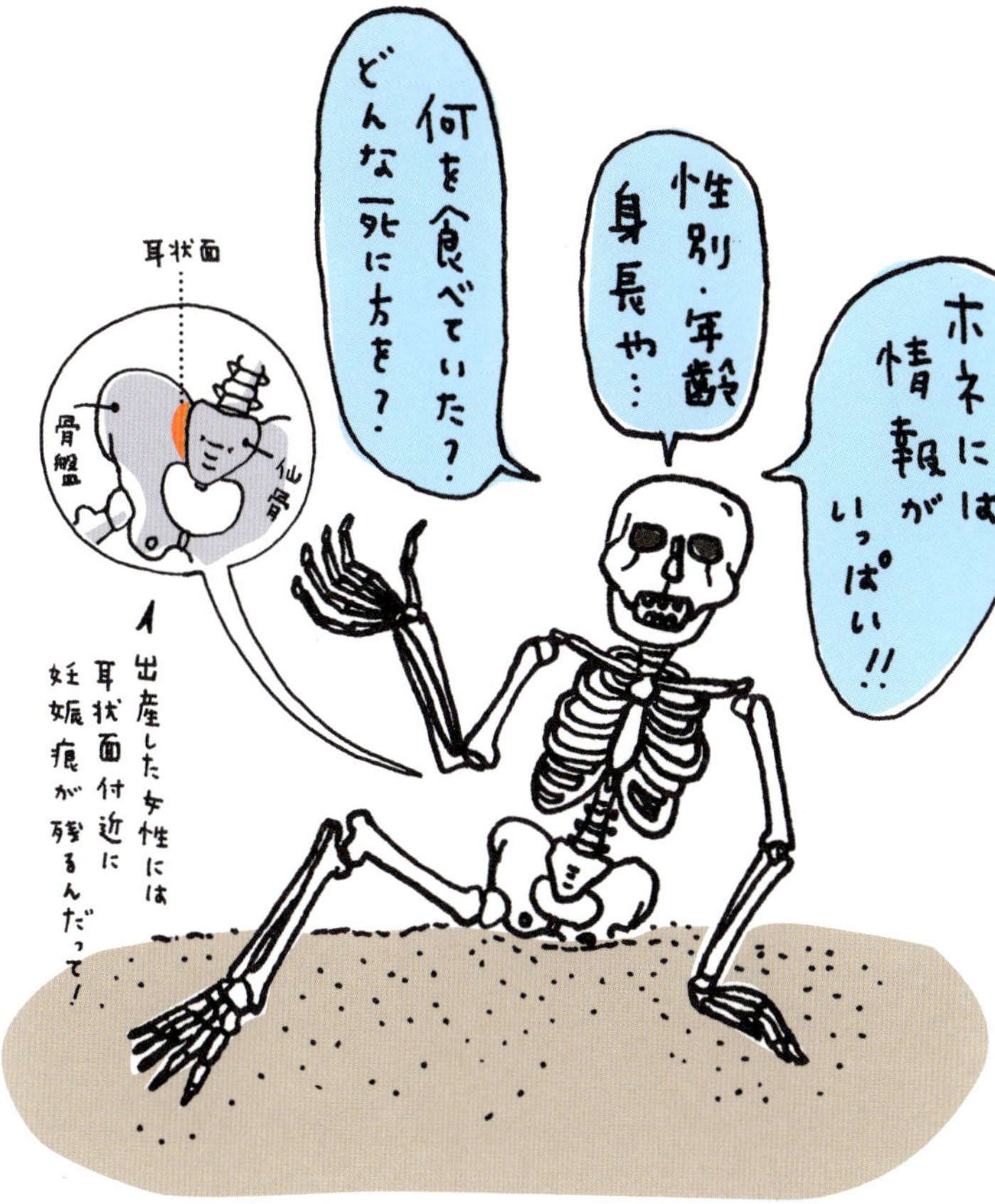

骨からわかる!?

耳状面に認められる窪みや溝は、成人女性の古人骨にのみ現われます。そのため、妊娠・出産に関係していると考えられています。

古

人骨と呼ばれる縄文や弥生の遺跡から出土する骨には、たくさんの情報があると言われています。性別、年齢、身長はもちろん、何を食べていたのか、どんな風に死んだのかまでわかるのだそうです。

私たち人類は、妊娠や出産をすると、骨盤と仙骨の関節面である耳状面付近にその痕跡（妊娠痕）が刻まれます。そのため、出土した縄文人の骨に刻まれた妊娠痕を観察することで、おぼろげながら妊娠・出産の状況がわかってくるのです。

愛情いっぱいの子育て

Q：子育てはどんな感じだったのでしょうか？

A：縄文時代の土偶や土製品から垣間みることができます。

文字として残されてはいないので、子育てについて具体的に知ることはできません。しかし、縄文時代に作られた土偶や土製品から親子の関係を垣間みることはできそうです。

土偶は妊娠した女性を表現していることが多いといわれていますが、これは明らかに子供に乳を飲ませている土偶です。顔はありませんがきっと柔和な母の顔が作られていたことでしょう。

子供を慈しむ土偶

子抱き土偶
東京都八王子市 宮《みや》田《た》遺跡出土
国立歴史民俗博物館蔵

元の姿（想像図）

成長を願う土版

手形・足形土版（重要文化財）
青森県上北郡六ケ所村
大石平《おおいしたい》遺跡出土
青森県立郷土館蔵

原寸大
8.5cm

※実寸は点線の大きさ

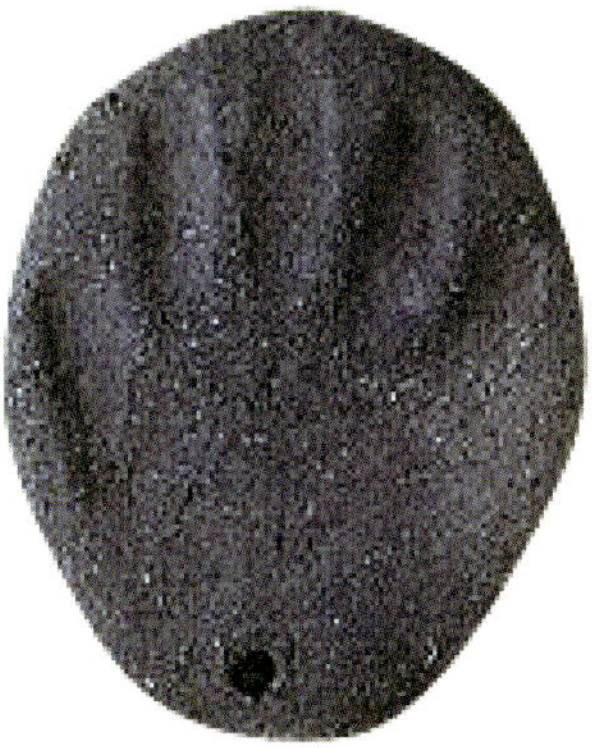

この手形足形は、子どもの成長を祈願して作られた、もしくは早くして亡くなった子の形見として型取りして作られたのではないかと考えられています。現在でも、子どもの成長を願って手形足形を取る風習が残っている地域もありますから、縄文時代からの繋がりを感じずにはいられません。いずれにしても、15歳まで生きられるのが約半数（84ページ）だと考えられていますから、母が子を思う気持ちは、それはそれは強かったことでしょう。子どもはその集落にとっても大事な存在であり、どの子も分け隔てなく集落の皆で子育てをしていたのではないでしょうか。

縄文時代の〝布〟製品

Q：縄文時代の布ってどうやって作るんですか？

A：植物繊維編んで作られていたと考えられています。

縄文人の服（30ページ）でも述べたように、縄文時代にはすでに植物の繊維を使って布が作られていました。今でも夏になると食物繊維である麻のシャツなどを着る人もいますが、当時はカラムシ、アカソといわれる植物の茎が布の原料になります。まずはこれらの植物を貝殻や動物の骨でしごき、乾かします。その後ほぐした繊維に手で撚《よ》りをかけ、糸にしていたようです。そうして糸ができると、道具を使って「編布《あんぎん》編み」を行い、布に仕立てていくのです。こうした編布作りは女の仕事でした。

編布編み

編布は土器に残された痕などから、縄文時代からあるとされていましたが、長らく確認されず、幻の布とも言われていました。

こもづち（おもり）
一段ずつ編んで
つくられた“布”
編むための台

博物館や資料館の中には、
復元した衣装が着られる場所もあります。

縄文時代の服（復元より）

こうした形のほかに、大きな布に頭の部分を空けた貫頭《かんとう》衣《い》もあったかもしれません。また、編布は使うほど柔らかくなるため、着ていくうちに着心地・さわり心地がよくなっていったことでしょう。

素朴なギモン

Q　1着につき、作るのにどのくらいの時間がかかったのでしょうか？

A　試算によると、1着の服を作るためにかかる時間は、1日8時間編むと仮定して、1年以上もの時間がかかるようです。編む以外にも植物を刈り取り、糸にする作業があるわけですし、毎日それればかりやっていたわけではないでしょうから、1着につき2年か3年の時間がかかったかもしれません。

参照 尾関清子『縄文の衣』1996

出来上がった布は、そのままではまだごわごわとして硬く、縫い合わせることが難しいので、水に浸しながら木づちでよく叩き、繊維を柔らかくします。柔らかくすることで、少しでも着心地やさわり心地が良くなるように工夫したのです。出来上がった布は、天然顔料であるベンガラやハシバミで染めることもあったようです。遺跡から出土した土偶の姿から、その布地に染色した糸で刺繍を施していたと想像されています。

病気と闘う縄文人

Q：縄文時代にはどんな病気があったのですか？

A：当時からがんなどの病気があったようです。

日本最古と言われるがん患者の頭蓋骨が発見されています。

縄文時代後期から晩期の遺跡である、福島県相馬郡新地町三貫地貝塚から出土したこの頭蓋骨には、内側から穴があき、転移したがんに蝕まれた形跡が残されていました。この頭蓋骨の持ち主は30代で亡くなったと考えられています。

内側からあいた穴。
がん転移特有の「抜き打ち像」が確認できます。

がんの骨転移（X線）

三貫地貝塚から出土した人骨の画像。
撮影：鈴木隆雄

素朴なギモン

Q 病気はどうやって治したのですか？

A 縄文時代には医者や病院などはありません。その代わり、病気や怪我が早く治るようにシャーマンが祈祷したり、野山に生える薬草を使って体調の回復を試みたことでしょう。
また、シャーマンだけでなく縄文人たちには日々の暮らしの中で培った薬草の知識があったのではないでしょうか。お腹が痛い、少し熱っぽいなどの軽い症状は、薬草と栄養価の高い食べ物、そして十分な睡眠を取ることで対処していたはずです。

今のように医療が発達した時代においても、がんの痛みや苦しみは相当なものです。自然に頼るほか手がない縄文時代において、何が起こっているのかわからない不安や恐怖、そして身体的苦痛は計り知れないものがあったことでしょう。

他にも怪我や足首の関節炎を患った縄文人の骨がたくさん見つかっています。怪我の代表例である骨折は、女性よりも男性、それも上半身に多くの痕跡が見られることから、狩猟や漁労に出た際、何らかの事情によって骨折したのではないかと考えられています。

出土した人骨から、縄文人に骨折が多かったことがわかっています。
骨に残らないような擦り傷・切り傷・捻挫も多かったのではないでしょうか。
骨折の際には患部を固定するなどの処置をしていたと考えられます。

病気と闘う縄文人

中

にはこんな例もありました。推定50歳以上と思われる男性の左足の大腿骨が大きく変形した人骨が見つかりました。さらに、変形した周辺の骨には長期間にわたり強く圧迫されてできた溝のような変形も認められたのです。これは、大腿骨を骨折したあとに上手く完治できずに、脚が動かなくなり、膝を曲げて紐できつく縛っていたことで溝ができたと考えられています。そんな状態であるにも関わらず、この人は50歳過ぎまで生きていた、ということは、集落の人や同居の家族によって手厚く介護されながら暮らしていたことになります。

他にも、北海道洞爺湖町の入江《いりえ》貝塚からポリオ（小児まひ）にかかったとても細い骨が見つかっています。頭蓋骨の大きさは普通でありながら、腕と脚の骨がとても細く、筋肉が付着した痕跡がほとんどありませんでした。20歳前後で亡くなったようですが、ポリオにかかってから10年間ほど人の助けを受けながら生きていたのです。縄文時代から既に介護があり、助け合いながら厳しい環境を生き抜く人々の姿がこれらの骨から見えてきました。今のように人間ドックもなく、発達した医療もない縄文時代では、人の繋がりが唯一の医療だったと言ってもいいのかもしれません。

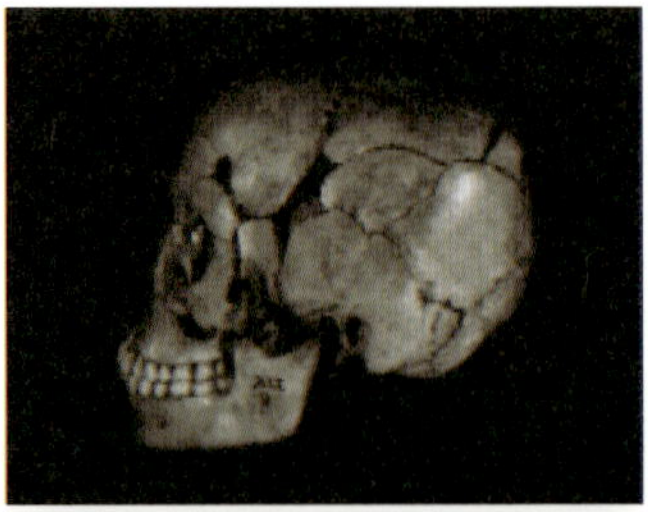

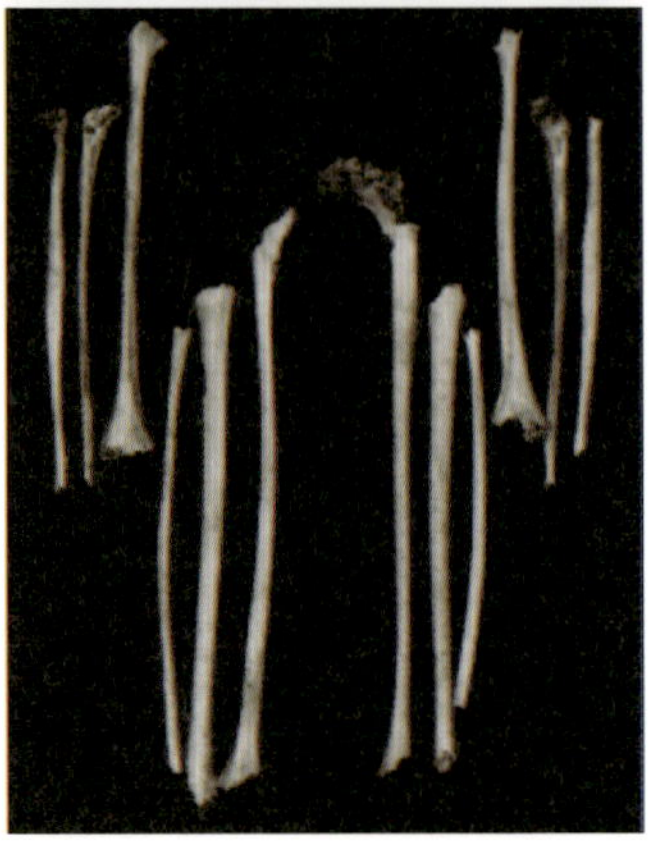

入江貝塚で出土したポリオにかかった骨
（上）普通の大きさの頭蓋骨
（下）同一人物の頭に対して非常に細い腕と脚の骨
撮影：鈴木隆雄
参照 鈴木隆雄ほか「北海道入江貝塚出土人骨にみられた異常四肢骨の古病理学的研究」1984

素朴なギモン

Q 骨って何でも分かるんですね

A 人骨に僅かに残されたコラーゲンを分析することで、その人が生前、何を食べていたのかが分かるようになっています。
またレントゲンを撮って骨を詳しく調べることで、骨粗しょう症にかかっていた、など、病気の有無も分かるのです。ちなみに栄養状況が不安定な縄文人の多くが、骨粗しょう症にかかっていたそうです。

助け合って暮らす人々

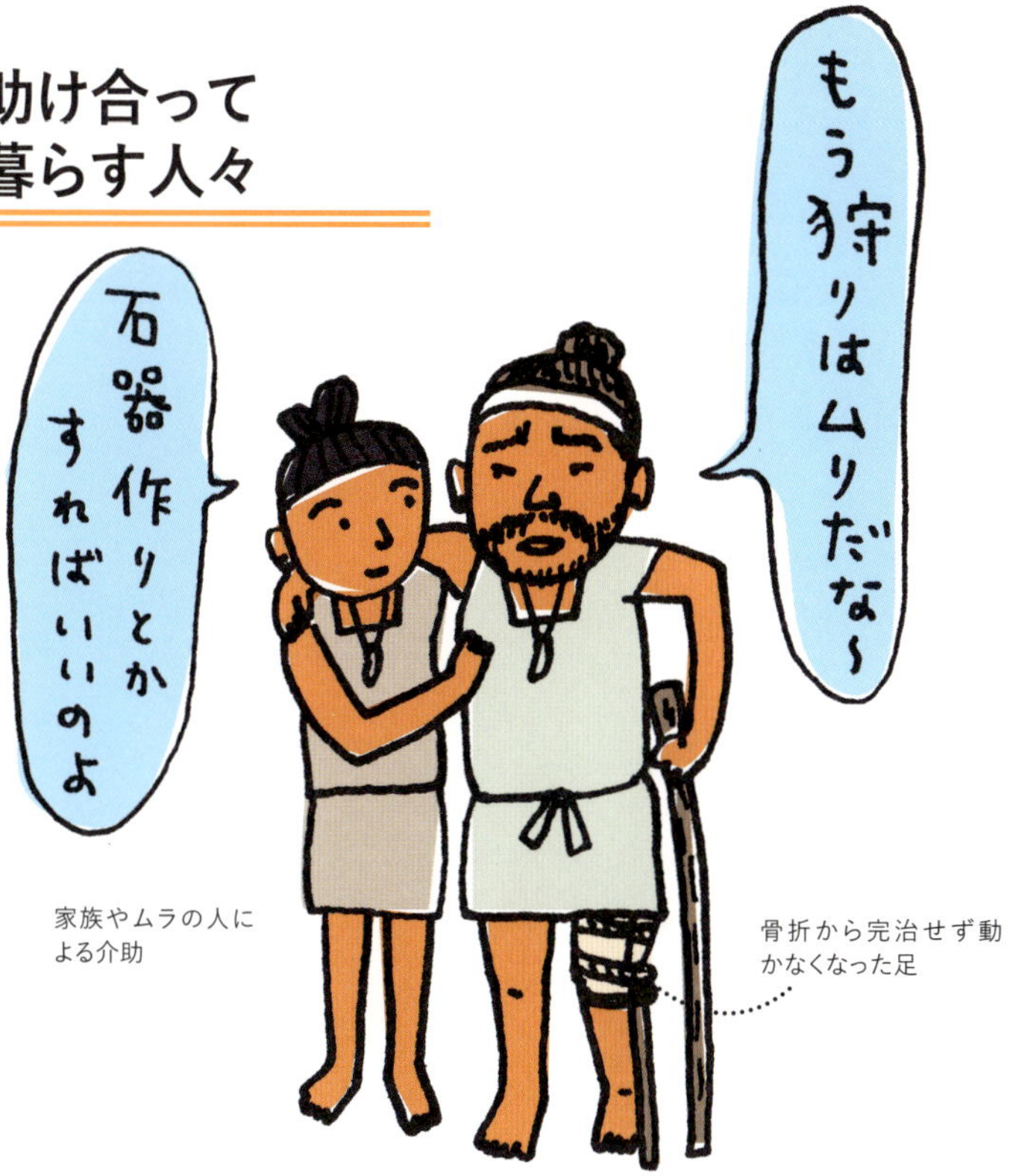
もう狩りはムリだな〜
石器作りとかすればいいのよ
家族やムラの人による介助
骨折から完治せず動かなくなった足

ポリオにかかった人
編布でできた布団

意外と長寿な縄文人

Q：縄文時代って寿命が短かったと聞いた気がするのですが…？

A：縄文人の平均寿命について、実はいろいろ説があるようです。

民族事例をもとに考えると10歳まで生きられるのが6割～7割、15歳まで生きられるのが5割ぐらいだと言われています。

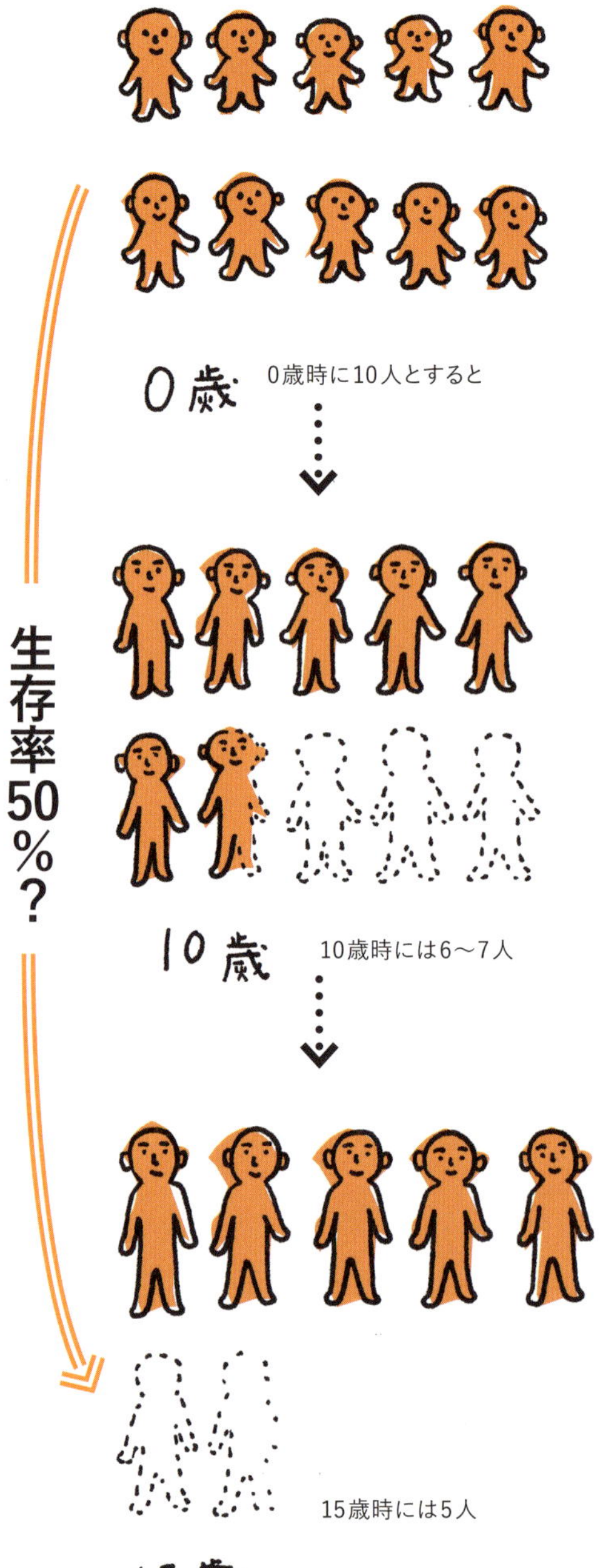

0歳
0歳時に10人とすると
10歳
10歳時には6～7人
15歳時には5人
15歳
生存率50％？

意外と長かった？寿命

かつては、実際に出土した乳幼児から成人の骨を調査した結果から、縄文時代の平均寿命は30歳ぐらいだと言われてきました。しかし、より詳しい骨の調査がすすむにつれて、もう少し長かったのではと言われはじめています。縄文時代とひと口に言っても、1万年以上あるわけですから、ずっと同じ寿命であるはずがありません。食料事情や生活環境がより良くなった時代は寿命も伸びたでしょうし、場所によっても違ったはずです。様々な条件、そして出土した骨を調査した結果、今ではおよそ40歳以上になるのではないかと考えられています。

ただ、いずれにしても、現代の半分ほどの寿命だったと思われますから、今を生きる私たちも、彼らに負けないように人生を大事にしたいものですね。

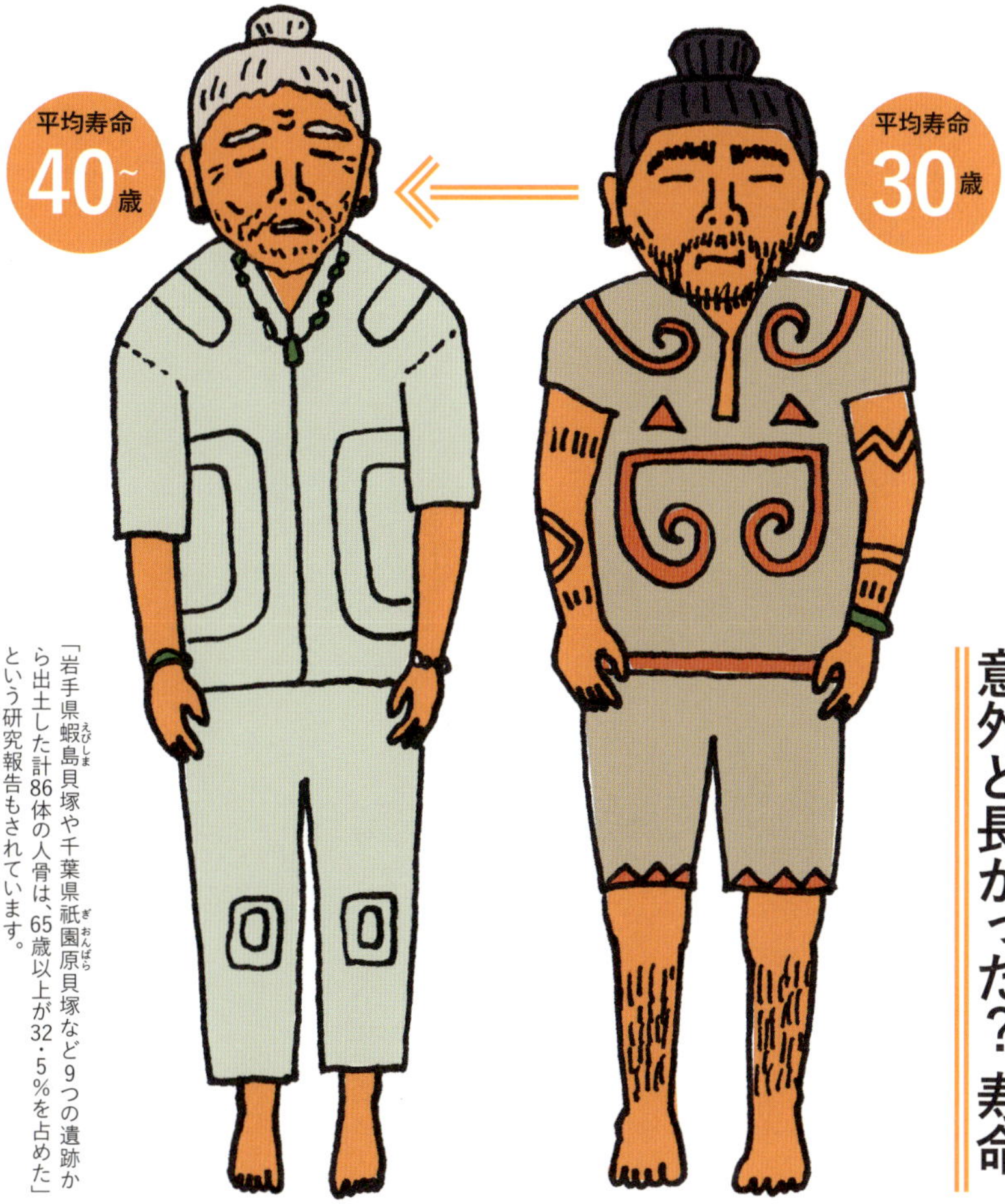

「岩手県蝦島《えびしま》貝塚や千葉県祇園原《ぎおんばら》貝塚など9つの遺跡から出土した計86体の人骨は、65歳以上が32・5%を占めた」という研究報告もされています。

参照「縄文人、意外と長生き 65歳以上が3割」（長岡朋人 2010年11月13日 朝日新聞デジタル）

永遠の眠りと埋葬

Q：縄文時代も古墳みたいなお墓ってあったんですか？

A：古墳のように巨大ではありませんが、縄文時代にもお墓はもちろんありました。

縄文人たちは亡くなると、「土抗墓《どこうぼ》」と呼ばれる地面に穴を掘ったお墓に埋められました。

これらの墓は、環状集落の真ん中に集められていることもあれば、青森県青森市の三内丸山《さんないまるやま》遺跡のように集落の入り口と思われる場所に並んでいることもありました。中には、住居から離れた場所に、墓だけが集まっていたり、大人と子供を離して埋葬したりすることもあったようです。地域や時代、集落の大きさなどによって墓の様子に違いがあったようで、これが縄文の墓だとひとつに決めることはできません。

様々な埋葬

一口に「埋葬」といってもその方法は様々。
推測されているいくつかの例を見ていきましょう。

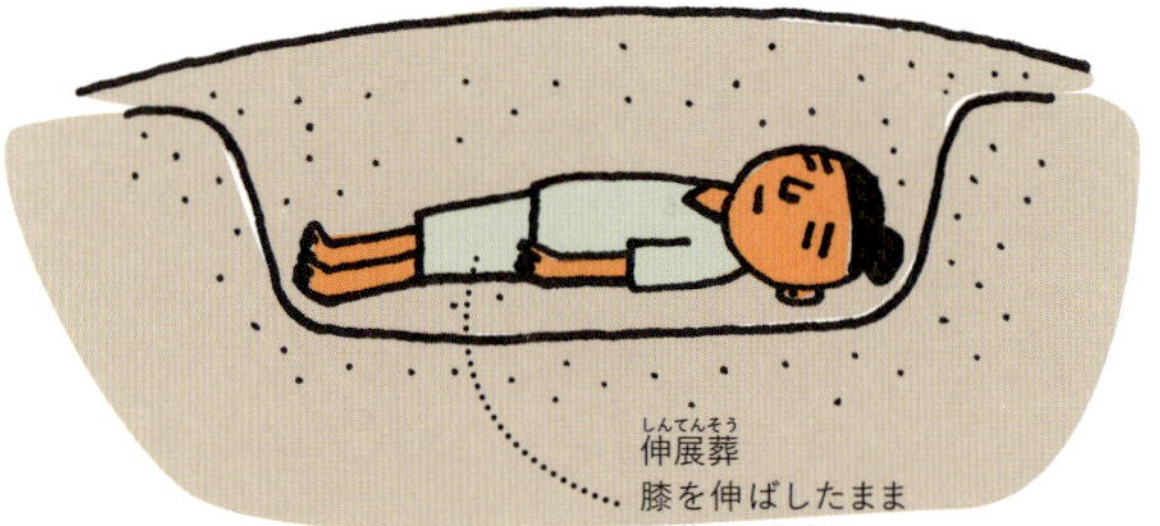

伸展葬《しんてんそう》
膝を伸ばしたまま埋葬されます。

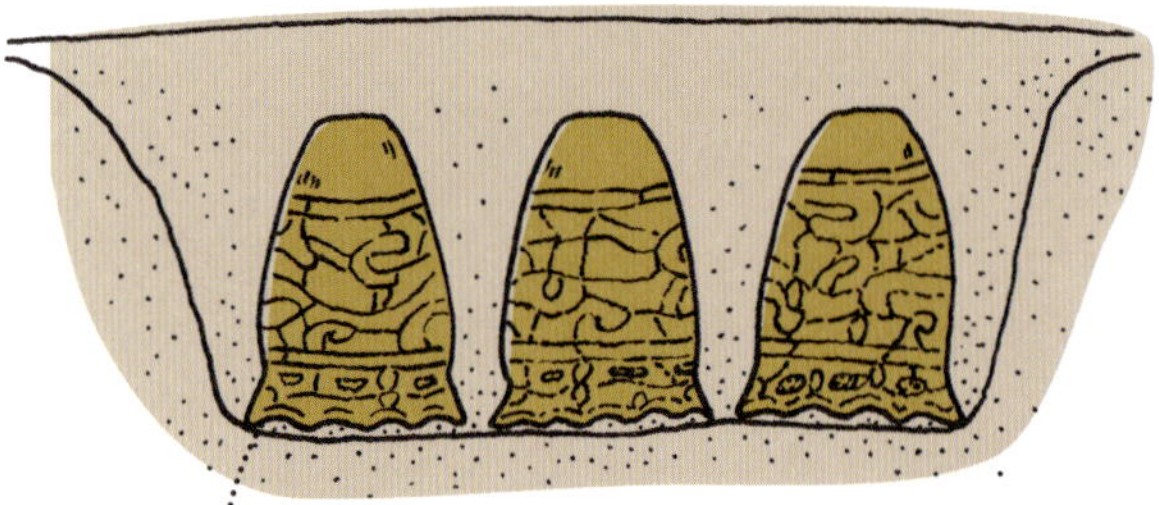

再葬
一度埋葬したのち取り出してよく洗い、1体ずつ入れた土器を逆さに伏せ、並べて埋葬します。

頭蓋骨、大腿骨…と大きな順で入れていたと考えられます。
これをひっくり返して埋めたようです。

土器棺墓《どきかんぼ》
赤ちゃんや幼い子供が亡くなった時には土器に入れて埋葬する形もあったようです。

多かった“屈葬《くっそう》”

膝を抱えるような状態で埋葬されます。
多くはこの形でした。

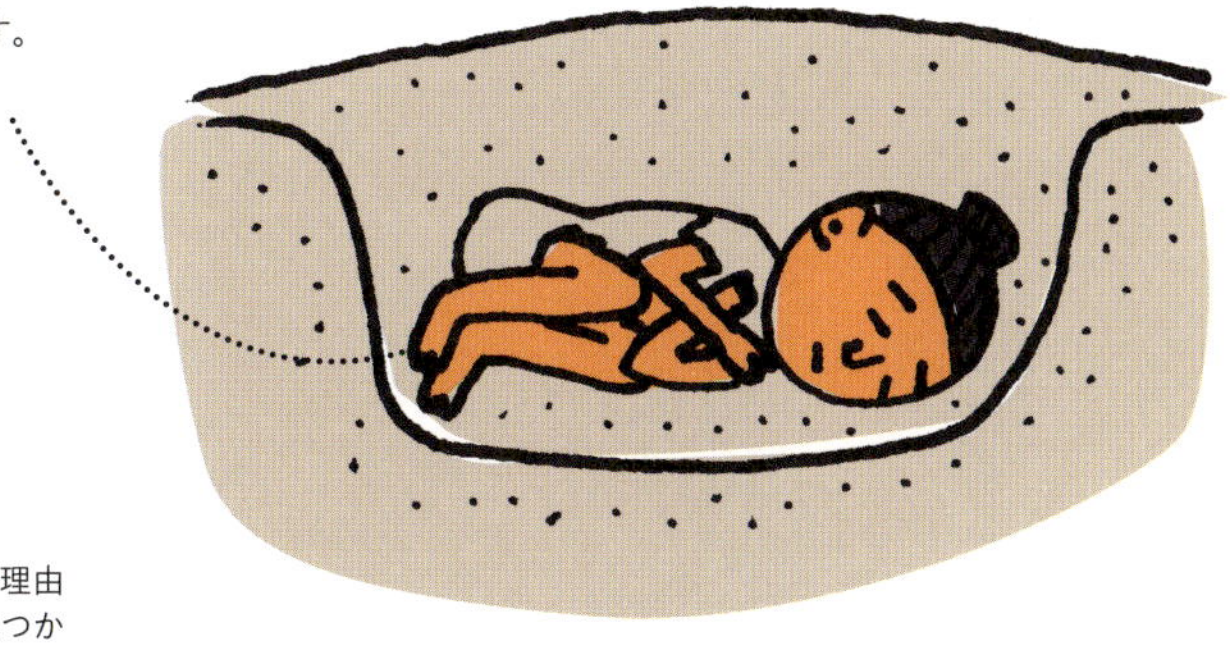

なぜ屈葬に？

屈葬が行われた理由として、様々な理由が考えられています。そのうちのいくつかをご紹介しましょう。

❶死者の霊が生者に危害を加えるのを防ぐ為に封じこめた。

❷胎児の姿を真似て、母なる大地にかえした。

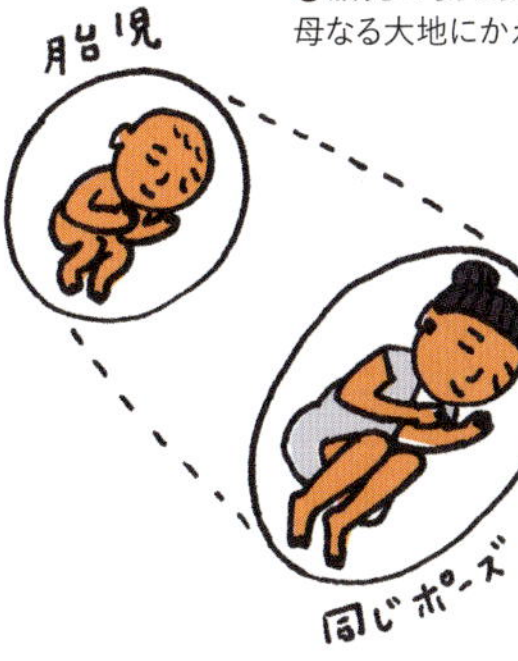

❸墓穴を掘る労力を減らした。

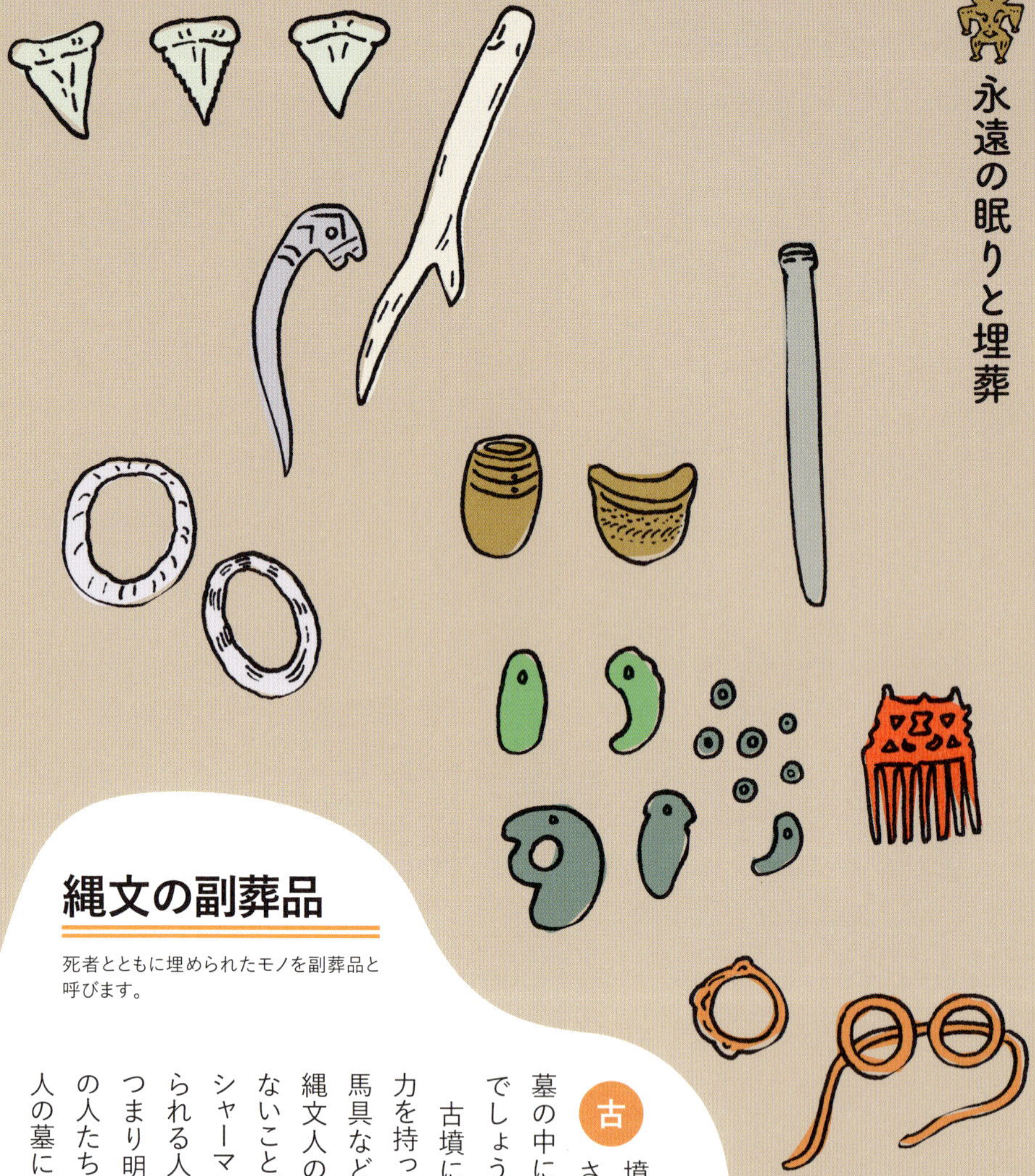

縄文の副葬品

死者とともに埋められたモノを副葬品と呼びます。

古墳の中に副葬品が一緒に埋葬されているように、縄文人の墓の中には何か埋葬されてはいないのでしょうか。

古墳に埋葬される人は豪族などの権力を持った人で、その副葬品として鏡や馬具などがありました。それに対して縄文人の場合は、基本的には副葬品はないことが多いようです。しかし集落のシャーマン（呪術師）やリーダーと考えられる人の墓からは見つかっています。つまり明確な権力者というよりも、他の人たちと何らかの立場の違いがあった人の墓に副葬品があったようです。

最後に少し、赤ちゃんの埋葬についてお話しましょう。

乳幼児が亡くなった場合は土器に入れて埋葬されることが多かったわけですが、その土器は家族が暮らす住居の入り口や、例えば母親が座っていたと思われる席の下に埋められていることもあったようです。

今よりも生と死が近く、死者を身近に感じながら生きていた縄文人たち。お墓も生活空間にあって当たり前で、自分が死んだら、その墓域に入って家族、そして集落を見守っていくのだと思っていたのかもしれません。誰にでも訪れる死を、自然の摂理として緩やかに受け止める装置としての墓を身近な場所に作り、暮らしていたのかもしれません。

こんな願いだったのかも

母親の下に埋めることで再び母体に帰ってきて欲しい、この家族の元に戻ってきて欲しいという願いが込められていたのではないか、という説もあります。

また
もどって
おいでー
はーい

自然と共に生きた縄文人

私の子供の頃よりずいぶん地震が多くなっているなと感じます。それも大きな揺れを伴う地震が、です。日本は地震大国だと言われますが、これは今に始まったことではありません。もちろん、縄文時代も地震大国だったはずですし、火山の爆発もありました。

今から約7200年前、縄文時代早期のころ、現在の鹿児島県沖にある鬼界カルデラで大噴火が起こりました。南九州の豊かな森は火砕流によって焼かれ、日本最古の定住跡といわれる鹿児島県上野原台地に居を構えていた縄文人たちの暮らしは壊滅状態になったと考えられています。噴火による影響はそれだけではありませんでした。九州はもちろんのこと、関西地方でも数10㎝の灰が降り積もり、西日本のほとんどが灰に覆われてしまいました。森から動物が消え、木の実は採れなくなり、食べていくことができなった彼らは、きっと生活道具を携えて、東へ東へと歩を進めたことでしょう。集落によっては舟で移動した人たちもいたかもしれません。こうして灰に覆われた西日本の縄文時代は一旦静かな眠りについたのです。

火山の噴火は富士山や浅間山でも起こりました。その度に、縄文人たちは、自分たちではどうすることもできない自然の様相をただただ恐れ、そして敬ったのではないかと想像できるのです。自然は自分たちの命をつなぎ、時には奪う存在。その存在と共に暮らすために、様々な道具を使って祭祀を行ったというのは、うなずける話です。

知られざる縄文ライフ

3章

食べる

食料調達が一番のお仕事

Q：縄文時代は毎日狩りをしていたんですよね。

A：一説によると1週間に3日ほどだったのではないかとも言われています。

縄文時代の男性の仕事は主に狩りをして、食料を安定的に家族に供給することでした。しかし、1年中、毎日彼らが野山で動物を追いかけ回していたわけではなく、一説によると1週間に3日ほどしか狩りに出ていなかったのではないかとも言われています。3日というと、少ないと思われる方もいるかもしれませんね。ここで、イノシシの猟を考えてみましょう。

現在のイノシシは60kg前後

途中で力尽きた仲間
大きいもので200kgにもなる巨体で暴れるイノシシ
イヌの加勢
イノシシを囲い込み、仕留めに向う

（※現代の家畜化された豚で体重の約50％が肉になることから、200kgのイノシシ=100kgくらいの肉=5人家族の100食分（概算）です。）

死と隣り合わせの狩り

こうした狩りの成功率を高めるための工夫として罠が登場したと考えられています。獣道に落とし穴などの罠を仕掛け、タイミングを見ながら見回りに行く。これなら巨体のイノシシに突進されることなく致命傷を与えることができます。

ですが、当時のイノシシは80kgから大きいもので200kgにもなったといいます。イノシシの頭蓋骨は石のように固く、黒曜石の鏃《やじり》では致命傷を負わすことは難しかったことでしょう。それを証明するように、見つかる頭蓋骨の中には、鏃の傷以外に、殴打したことによる窪み跡が多数ついているものもあります。石の斧や槍のようなものでイノシシの頭蓋骨に跡が残るほど強打しようと思ったら、かなり近づいて振り下ろさねばなりません。傷ついて暴れ狂うイノシシをひとりで仕留めるのが至難の業であるのはもちろん、数人の仲間や狩りの相棒であるイヌの加勢を得ても命がけの猟になるのは明白です。

傷を負いながらも人間を振り切って逃げ延びたイノシシの頭蓋骨も見つかるようですから、仕留められないこともあるうえ、1日中野山を歩いても、1羽のウサギにも出会わないことだってあるのです。男たちの徒労感はいかばかりでしょう。

こうしたことから、自分だけがたくさん動物を仕留められればいいというような、個人主義的な発想は少なかったのではないかと私は思っています。縄文時代は、個人の幸せよりも、仲間と共に助け合いながら狩りを行い、獲物を分けあうことが大切だったのではないでしょうか。

イノシシを追い立てる

イノシシを待ち構える

イノシシを待ち構える仲間

縄文食料事情

Q：縄文人って肉食だったんですよね。

A：実はそれがそうでもなかった可能性があります。

現在では研究が進み、彼らが何を食べていたのかが明らかになってきました。

彼らは肉食系というよりも雑食系といった方が良いでしょう。もちろん肉も食べますが、毎日食べていたわけではありません。次のページに示すように1年を通してその時に採れるものを収穫・狩猟して餓えないように最大限の努力をしていたと考えられます。目の前にある森からもたらされるドングリ、トチ、クリ、クルミなどの木の実や、シカ、イノシシを中心にノウサギ、タヌキ、アナグマなどを食べていたことがわかっています。海に近い集落であれば、タイ、マグロ、スズキ、イワシなど、川に近い集落であれば、コイ、フナ、ウナギ

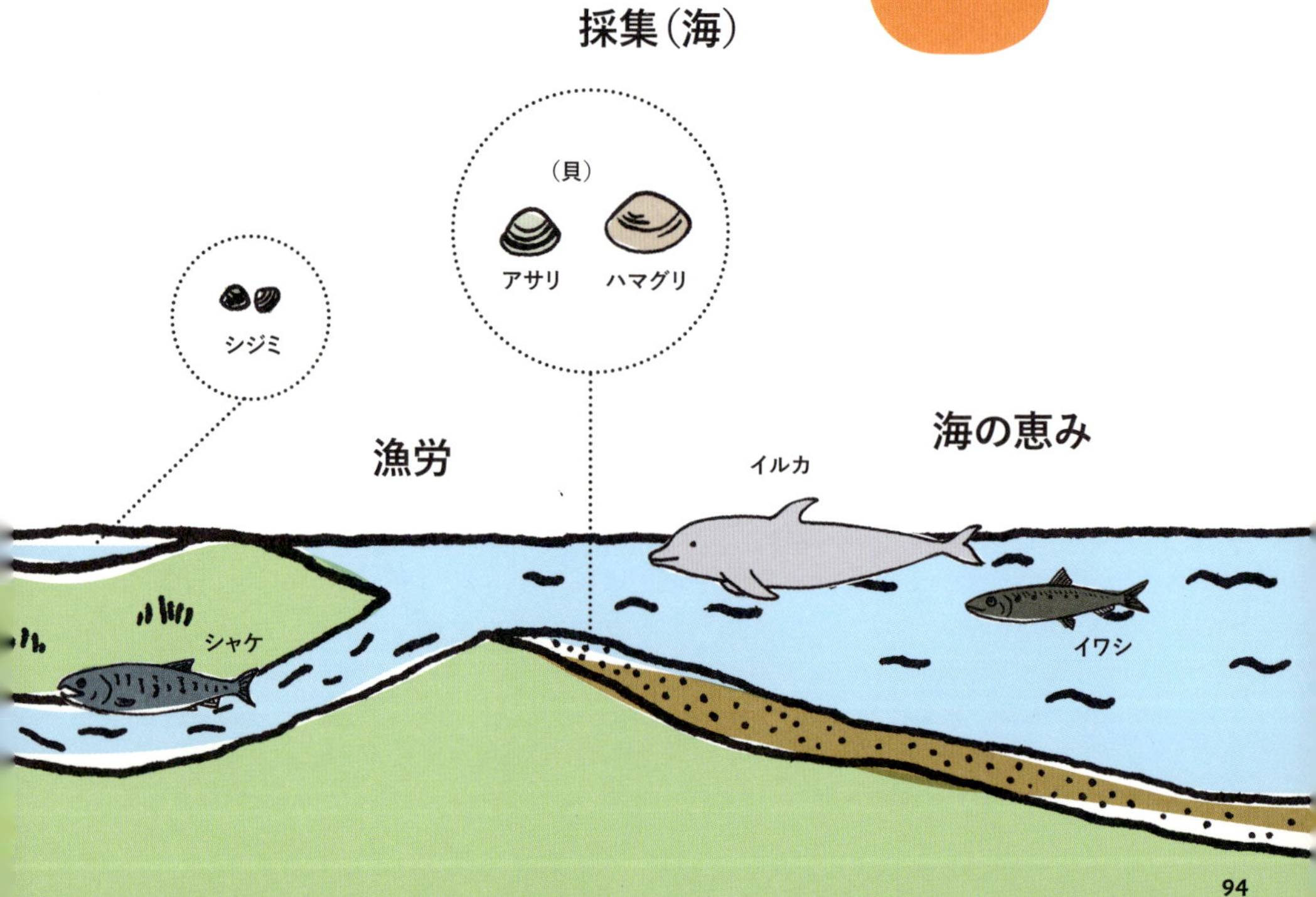

採集（海）
（貝）
アサリ
ハマグリ
シジミ
漁労
海の恵み
イルカ
シャケ
イワシ

などを食べていたようです。その他、各地に貝塚があるように、ヤマトシジミ、カキ、ハマグリ、アサリなどの貝も食べていました。

　ここでは全国的なものを挙げましたが、もちろん地域によって自然環境が違うので、採れるものも違っていました。

　また彼らは食料を保存、貯蔵することにも長けていたようで、実際に大量のドングリが貯蔵された、ビーカー形の貯蔵穴が見つかっています。遺物として残ってはいませんが、シカやイノシシなどの肉を住居内の炉の上に設置された棚の上に置いて薫製にしたり、干し肉を作ったり、魚を捌いて干物にしていたと考えられています。山菜を干して乾物にし、食料が不足する時期に水で戻して食べていた、なんてこともあったかもしれません。縄文時代の後期になると塩を作っていたことも わかっていますから、塩を使って保存食を作っていたことも容易に想像できます。

自然の恵み

1年を通じて多様な恵みを
享受していたと考えられます。

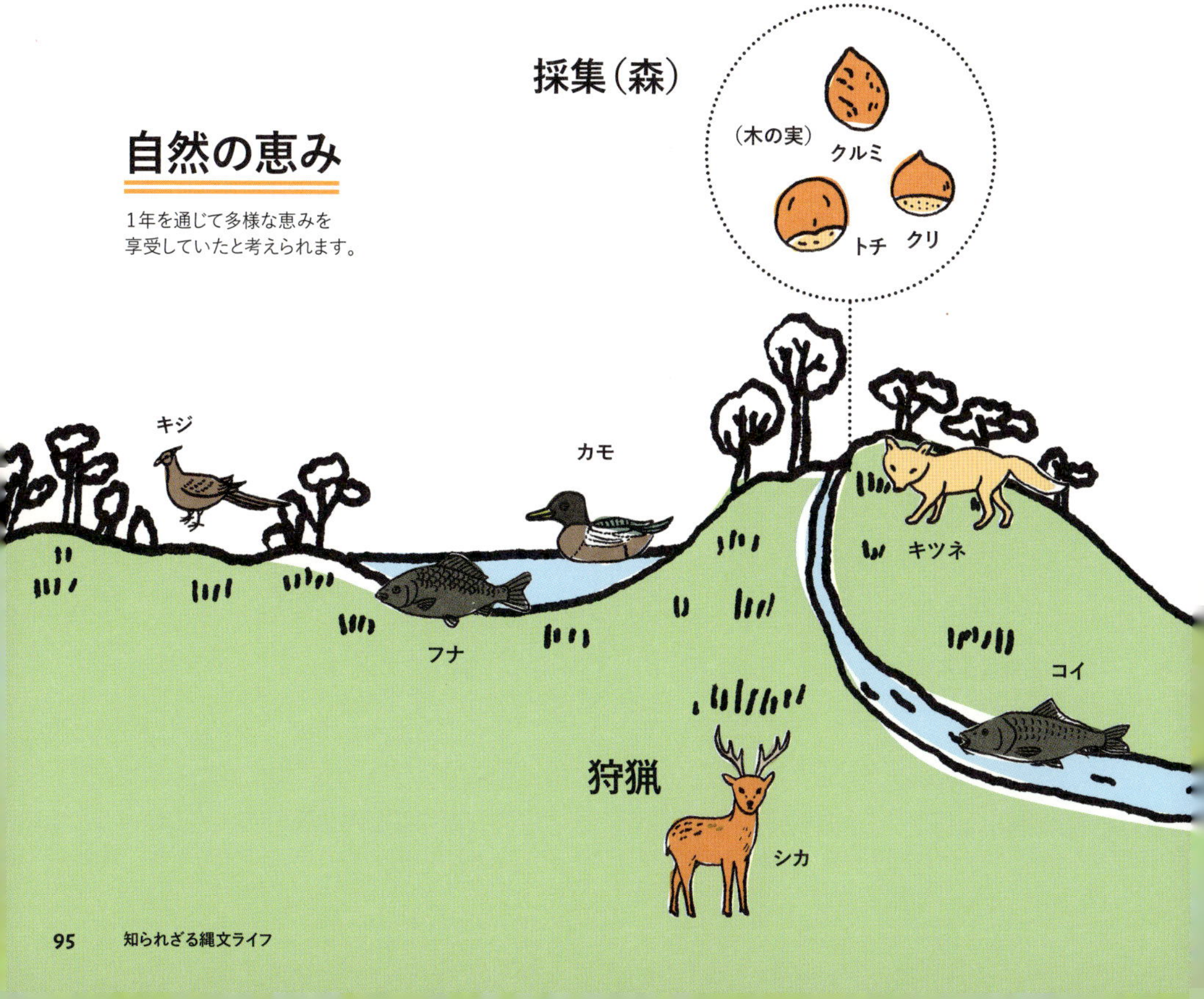

旬がわかる食料カレンダー

Q：狩りができない時期はどうしていたのですか？

A：どの時期に何を採集し、食料とするかの計画を立てていたと考えられています。

彼らは自然に対する知識を想像もつかないほど豊富に持っていました。なぜなら、自然からその恵みを頂くことでしか命を繋ぐことが出来ない環境で生きていたからです。わずかな空気の変化、海や川の色の変わり具合、山の芽吹きや匂いにも敏感だったことでしょう。自然の変化を的確に捉え、木の実や山菜が豊かに実る時期や、どの魚が、いつ、どの場所で捕れるのか、この動物が一番美味しい季節はいつなのかを熟知していたのです。

カレンダーに書かれているもの以外にももちろん食べていたでしょうし、地域によっても変わりますので、イメージとしてとらえてください。

このカレンダーを頭に入れて、皆で協力し合いながら季節に応じて食料の確保に精を出していました。

獲物となる動物が一番脂肪を蓄えて美味しい時期でもあります。

年間を通じて実に様々な物を食べていました。

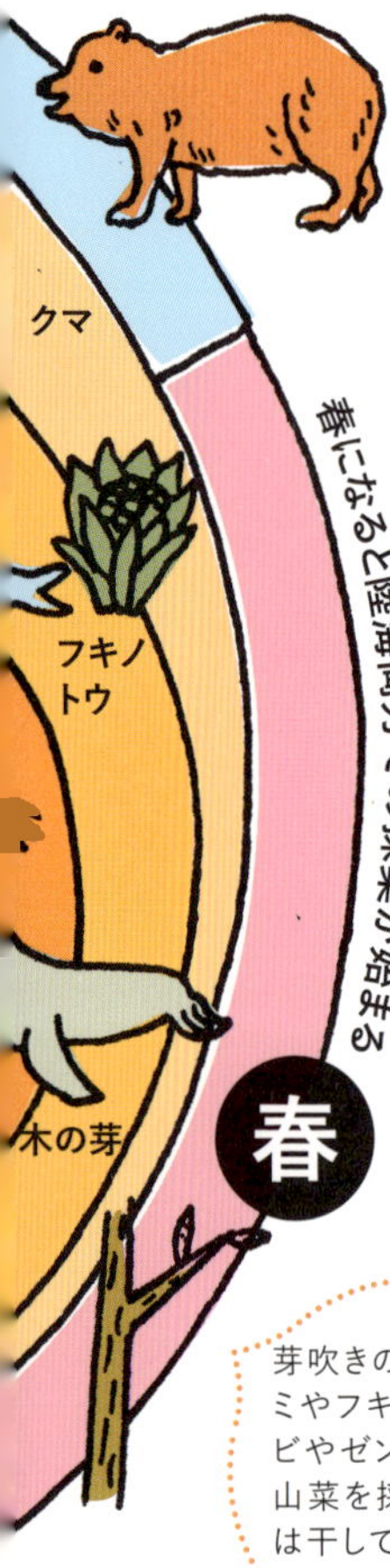

クマ
春になると陸海両方での採集が始まる
フキノトウ
木の芽
春

芽吹きの季節。コゴミやフキノトウ、ワラビやゼンマイなどの山菜を採集し、時には干して乾物にしていたかも。

縄文の生活カレンダー

代々その集落に伝わった知恵をもとに、どの時期に何を採り、食料とするかの計画を立てていたと考えられています。その1年間の採集スケジュールをおおよそまとめたモノがこの「縄文の生活カレンダー」です。

採集行動別に色分けされています。

冬の時期は食料が減るため他の時期よりも狩猟が増えています。

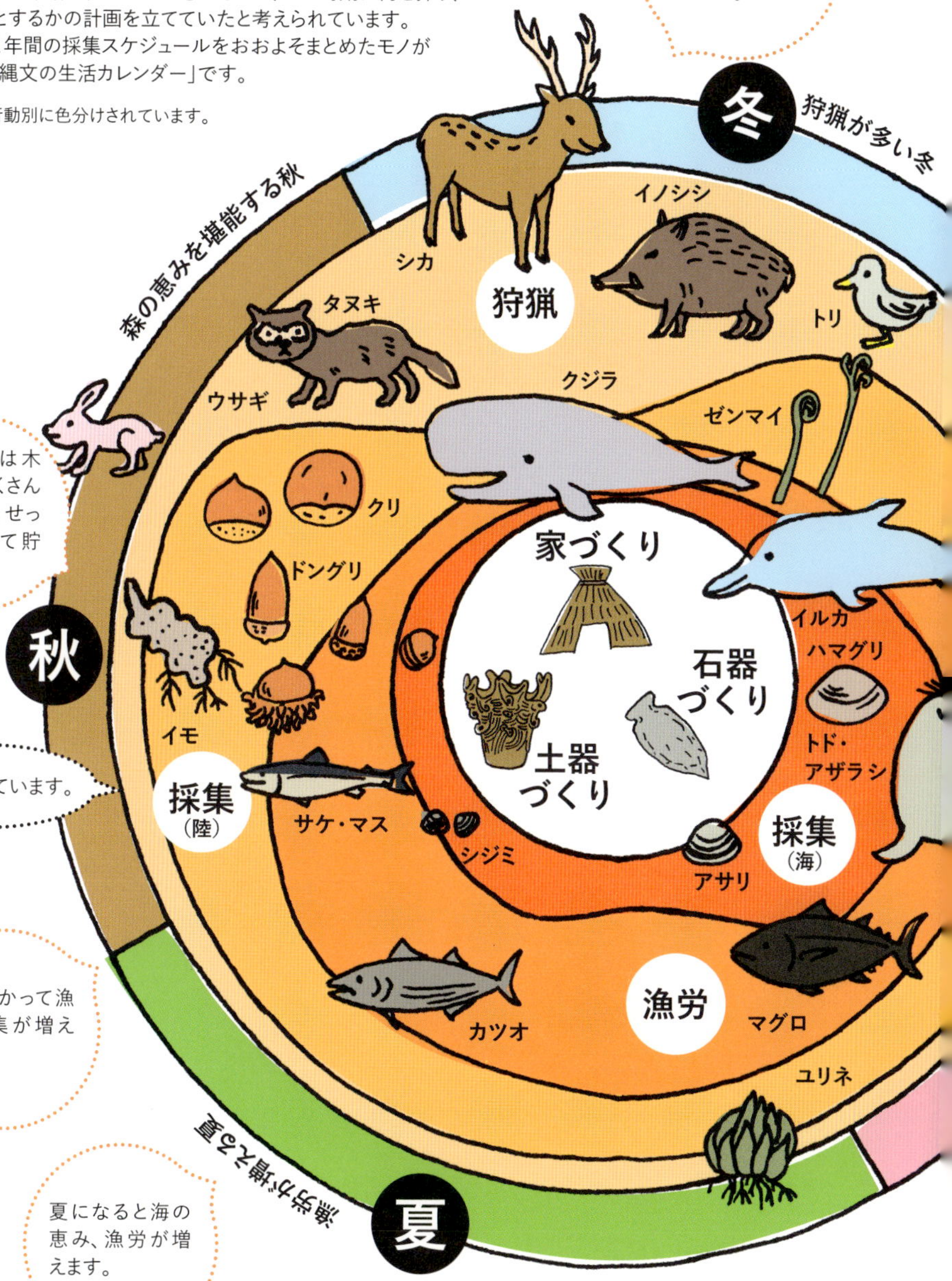

実りの秋は木の実がたくさん採れます。せっせと集めて貯蔵穴へ。

季節を示しています。

秋に向かって漁労、採集が増えます。

夏になると海の恵み、漁労が増えます。

参照 小林達雄『縄文人の世界』1996

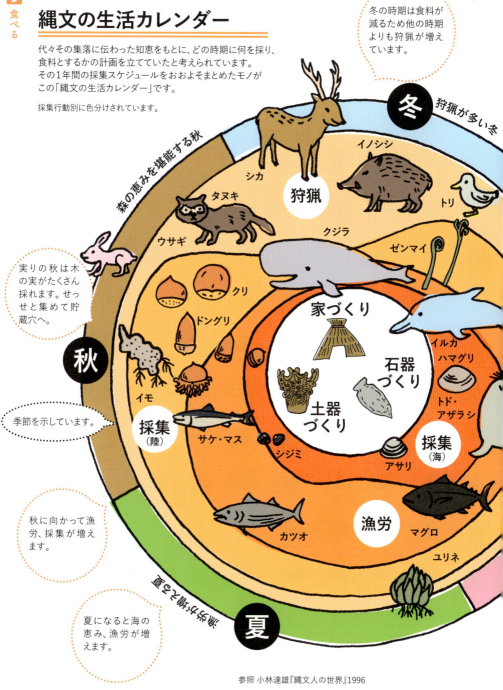

冒険の連続だった食の追及

Q：縄文人はどうやって食べられるかどうかを判別していたのですか？

A：まずは最初に誰かが口に入れて判断するしかありません。

縄文時代は食べることに対して冒険の連続だったはずです。ただ、1万年以上の歳月の中で「これは食べても大丈夫」「この部分は食べても良いけれど、ここは食べると下痢をする」というような食材に対する知識は相当蓄積されていたと思います。しかし、その知識と経験を積み上げるためには、まずは最初に誰かが口に入れて判断するしかありません。雑食の彼らですから、新しい食べ物を得ることに対する執着は強かったのではないでしょうか。

初めて出会う食材に対して、左のような確認作業をしていたかもしれません。食べられるモノがひとつでも増えれば、それは生活にとって良いことです。新しい食べ物を発見することは、縄文人の仕事の1つだったかもしれません。

ちょっと見方を変えて、そのような行為は彼らにとって一種の楽しみ、もっと言ってしまえば娯楽だったとしたらどうでしょう。今よりも塩分が薄い味付けに慣れているであろう彼らの舌は、相当鋭敏で研ぎ澄まされていたはずです。その状況で出会ったことがない味に出会うことは、彼らにとって、とてつもなく刺激的なことだったのではないでしょうか。だとしても時には食材に含まれる毒によって、命を落とすこともあったかもしれません。

命をかけたトライ・アンド・エラーを山ほど繰り返し、彼らはこの列島で生き抜くために食材を探し、日々の暮らしを紡いでいたのです。

食べられるかどうかの確認

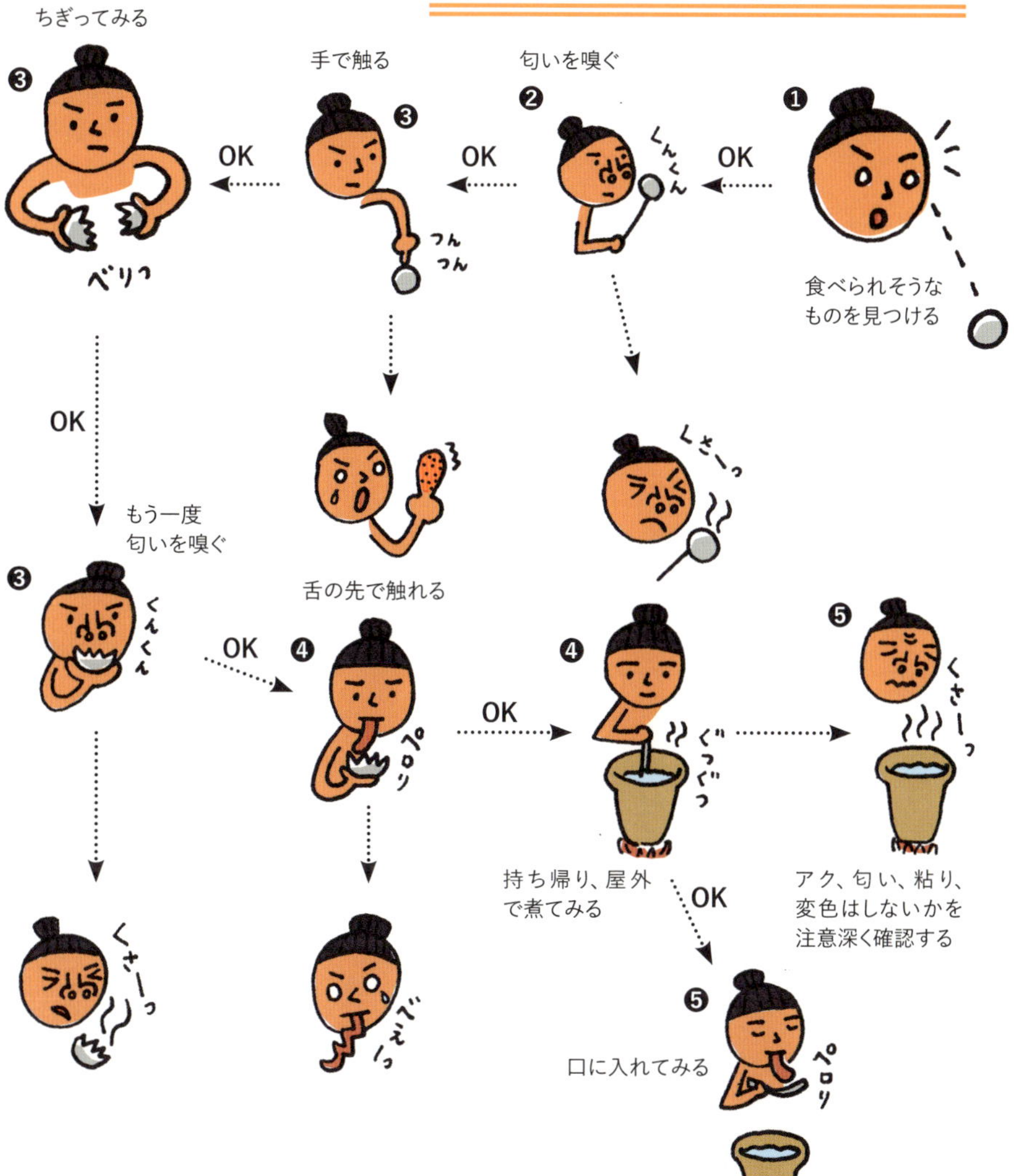

❶食べられそうなものを見つける
❷鼻をゆっくり近づけ匂いを嗅ぐ
❸手で少し触る→かぶれないことを確認して、ちぎってもう一度匂いを嗅ぐ
❹舌の先で触れる→痺れないことを確認してひとまず持ち帰り、屋外で煮てみることにする
❺アクは出るか、匂いはどうだ、粘りはでるか、変色はしないかを注意深く確認。その上で口に入れておいしいかどうか確認する

縄文人のおいしい食卓

Q：縄文時代は調理していたんですか？
A：女性たちはいろいろと工夫を凝らした料理を作っていたようです。

縄文時代は旬のものを食べながら、同時に保存食を作っていた話をしました。では、旬の食材をどのようにして食べていたのでしょうか。

魚介類、山菜、キノコ、時には肉を入れた、今でいうちゃんこ鍋のようなものを食べていたと考えられていますが、スープ状にする以外にも、多くの調理法があったようです。

彼らは長い年月の間に、食材をどうすれば安全に美味しく食べることができるのか、研究に研究を重ねたのでしょう。

中でも縄文人のメジャーフードといわれるアクの強いドングリやトチの実は深鉢の土器を使って木の灰を一緒に入れて煮たり、水場でさらしたりしてアクを抜き、すり潰して団子のようにして食べていたようです。

もちろん、山に実るアケビやヤマブドウ、クワなどの果実やアク抜きがいらないクリやクルミ、シイなどは彼らにとって手軽に食べることができる貴重な食料でした。これらは私たちが山歩きをする中で今でも簡単に見つけることができる食料のひとつでもあります。

縄文クッキー

縄文ハンバーグ

つぶしてこねる

クルミやクリなどの木の実の粉や、シカやイノシシのミンチ肉をベースにして、そこに動物の血、野鳥の卵、地域によってはヤマイモやユリネ、蜂蜜などを入れて混ぜ合わせ、それを熱した石の上で団子状にしてパンのようにして焼き、食べていたと考えられています。それが遺跡から炭化した状態で見つかり、ハンバーグやクッキーと呼ばれています。

縄文調理法

煮る

魚介やキノコ、山菜を入れた煮物やスープを作っていたかもしれません。

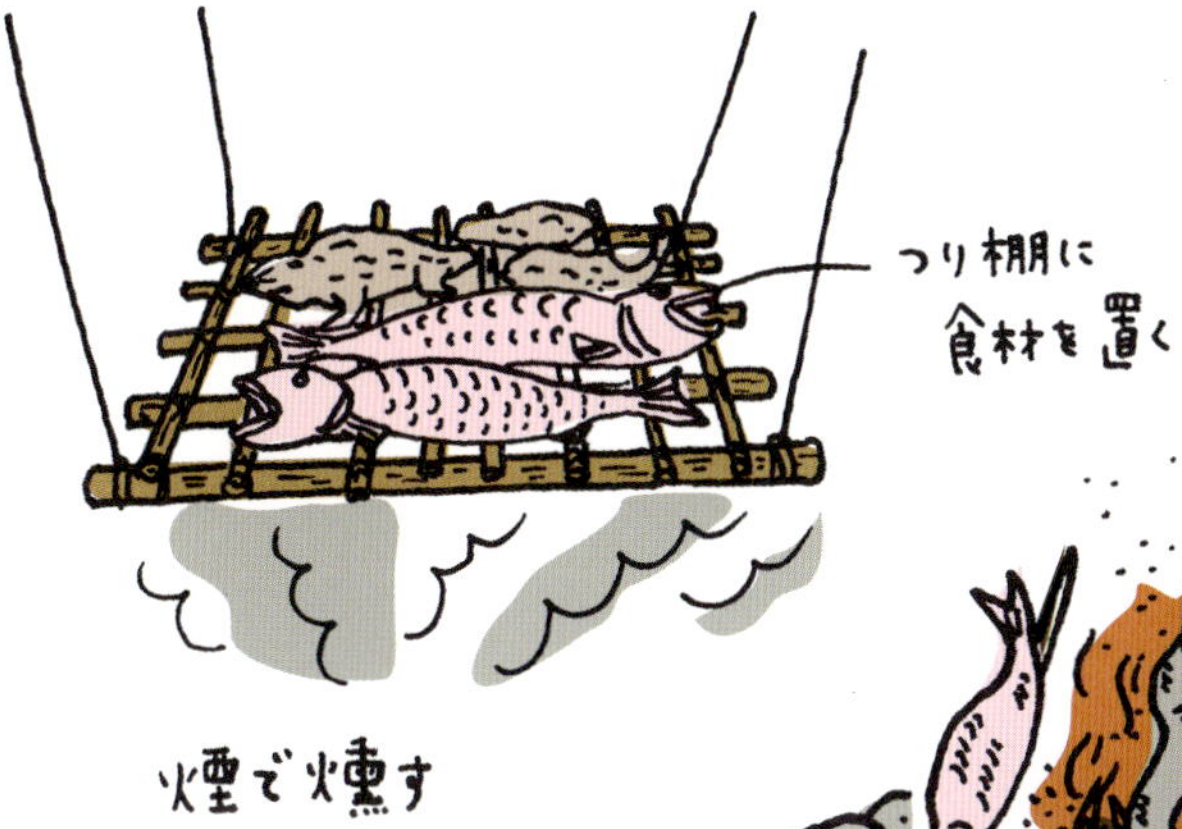

燻製にする

住居内でも作ることのできる燻製は貴重な保存食になります。

焼く

魚や肉を串に刺して、焼いていました。

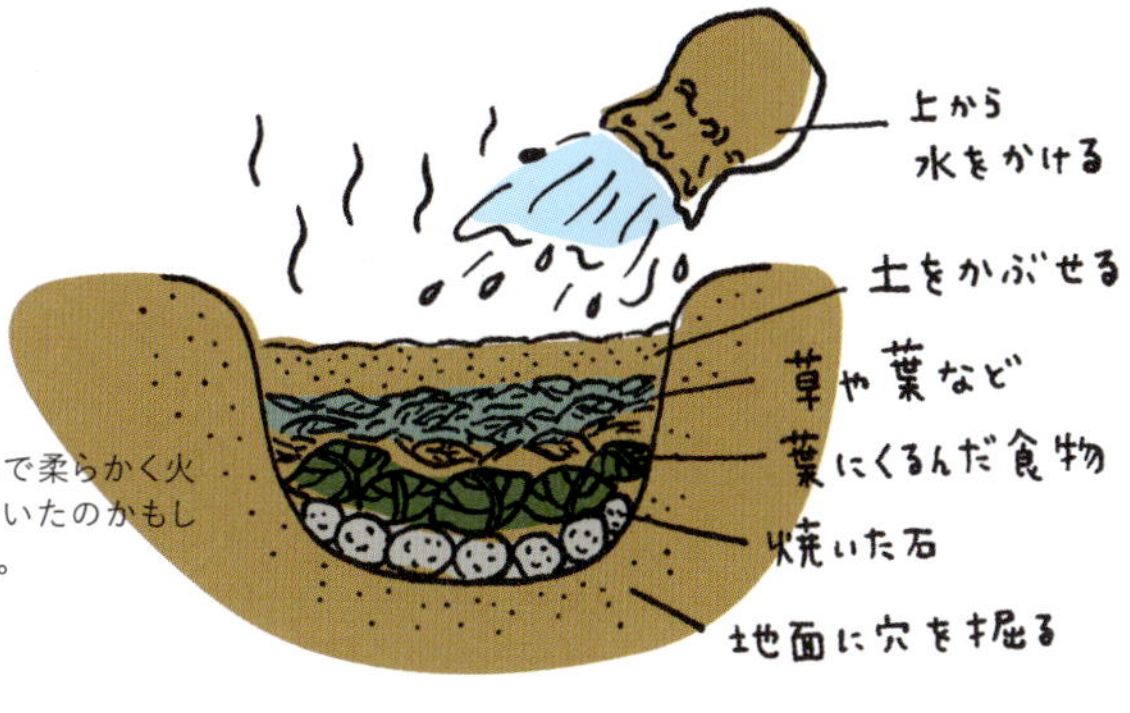

蒸す

蒸すことで柔らかく火を通していたのかもしれません。

食卓を彩る食器と調理器具

Q：縄文時代にもお皿ってあったんですか？やっぱり木でできているんでしょうか？

A：縄文時代の遺跡からは木のお皿よりも石でできた道具としてのお皿がよく出土します。

水に浸かった低湿地の遺跡であれば木の器や手杓が発見されることがあるものの、一般的な遺跡では有機物である木材はなかなか残りません。その代わり、石でできた皿がたくさん見つかっていますが、この皿は食器としてではなく、磨石とセットで道具として使っていたようです。この他の調理器具として、土器などがありました。

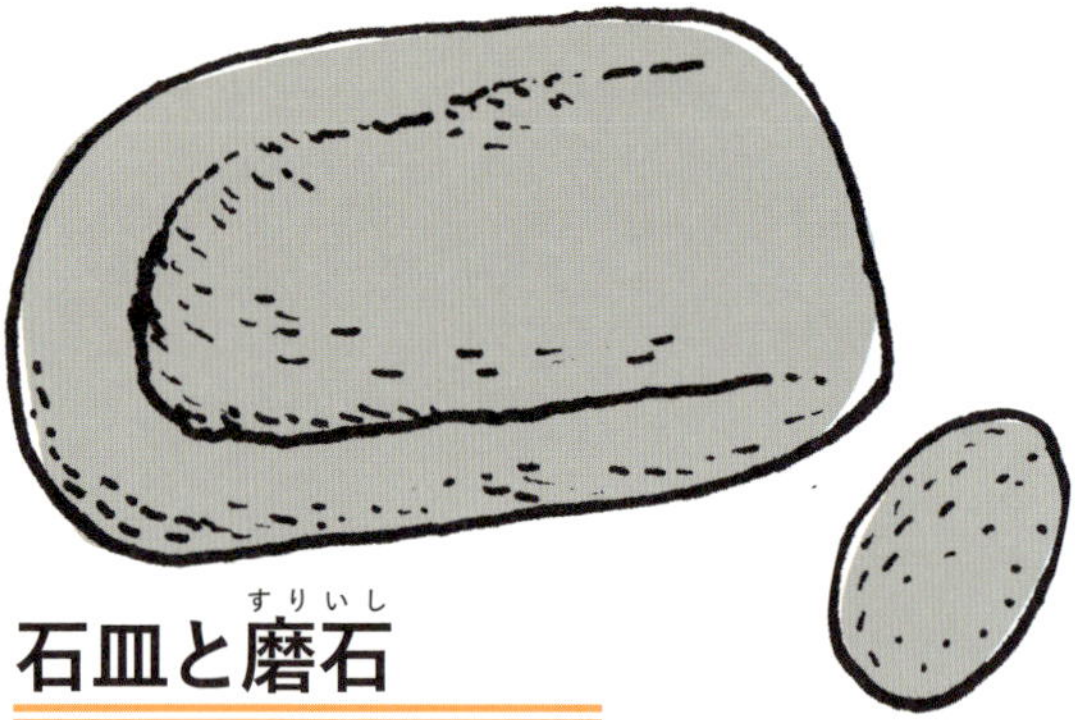

石皿と磨石《すりいし》

石皿にクルミを置き、上から磨石で殻を叩き割り、出てきた実をすり潰して粉にしたり、肉や魚などをミンチ状にすり潰したりしたようです。時には、ここに薬草を置いてペースト状にし、飲んだり身体に貼付けたりしたかもしれません。
石皿と磨石は非常に便利な道具だったと考えられます。

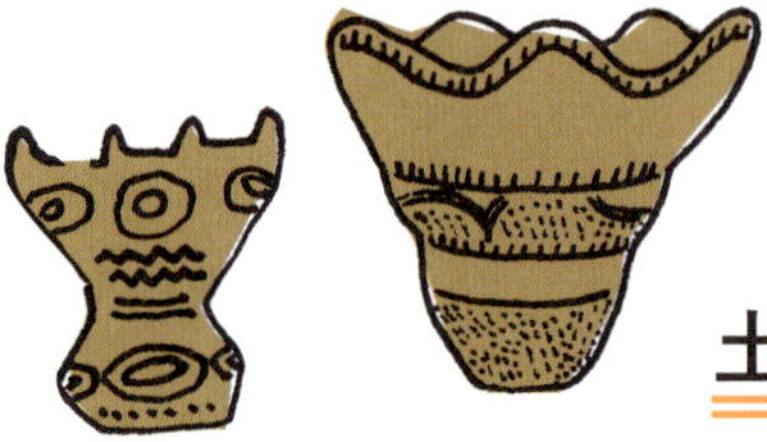

土器

煮炊きする今の鍋のようなものです。コンロの代わりに炉が住居内に作られ、そこで調理をしていました。

凹石《くぼみいし》とたたき石

木の実などをたたいて潰していたのかもしれません。

また、金属の無いこの時代、食材は包丁の代わりに石器で切り分けていたようです。その中でも交易品である黒曜石はガラス質で切れ味が鋭く、食材を切り分けることに優れていますが、貴重品なので無駄にはできません。そのため住まいの周辺で採れる石を使って石匙《せきひ》といわれる石の包丁を作り、魚や肉を捌いたのです。調理後に食材の脂が付着し切れ味が落ちると、新しく刃を加工し大切にしていたようです。

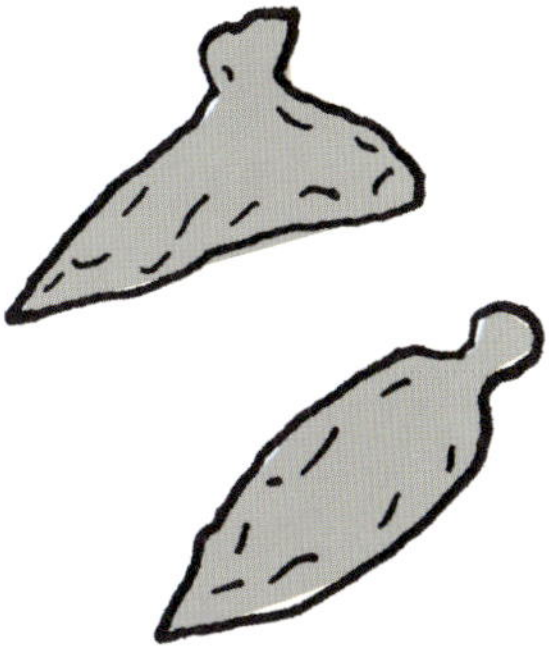

石匙《せきひ》

石製の包丁。魚や肉を捌くのに、大切に使われていたようです。

食器用？土器

こうした土器に現代と同じように料理をよそっていた可能性もあります。

食器として考えられるものとして、浅鉢《あさばち》の土器や台付の皿形をした土器、植物を編んだ籠のようなものが見つかっています。

そこで気になるのが、お箸はあったのか、ということ。実はこれは発見されてはいません。手杓が見つかっていますので、これに似たモノを使っていたか、あるいは手づかみだったのか。

遺物として残らないものに関しては当時の生活を想像するしかありませんが、道具を使わない手食は、より食材をダイレクトに感じることができて、意外に良い方法なのかもしれませんね。

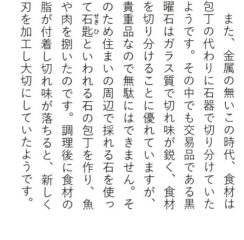

高カロリーな食卓

Q：縄文人はダイエットなんか考えたことないですよね？

A：縄文人たちにダイエットという感覚はなかったと思われます。

そもそもダイエットという発想は、飽食社会にしか存在しません。ダイエットは、ある意味とても贅沢な行為なのかも。

それはさておき、縄文人たちのカロリー事情はどうだったのでしょうか。

現代人が必要とするカロリーは1日約1800〜2200kcalと言われています。労働環境や年齢、性別によっても変わりますが、このカロリーの8割ほどを縄文人たちは摂取していたことがわかっています。植物が主食なのに、現代人の8割ものカロリーとは驚きますが、実はこの植物が鍵を握っていたようです。

彼らの主要食料である木の実類は非常にカロリーが高く、それらを常食することで、合理的に必要なエネルギーを確保していたと考えられます。上に示したグラフのように、まさに主食にふさわしい食料だったのです。

現代人の主食・コメと当時の主食・木の実のカロリー比較

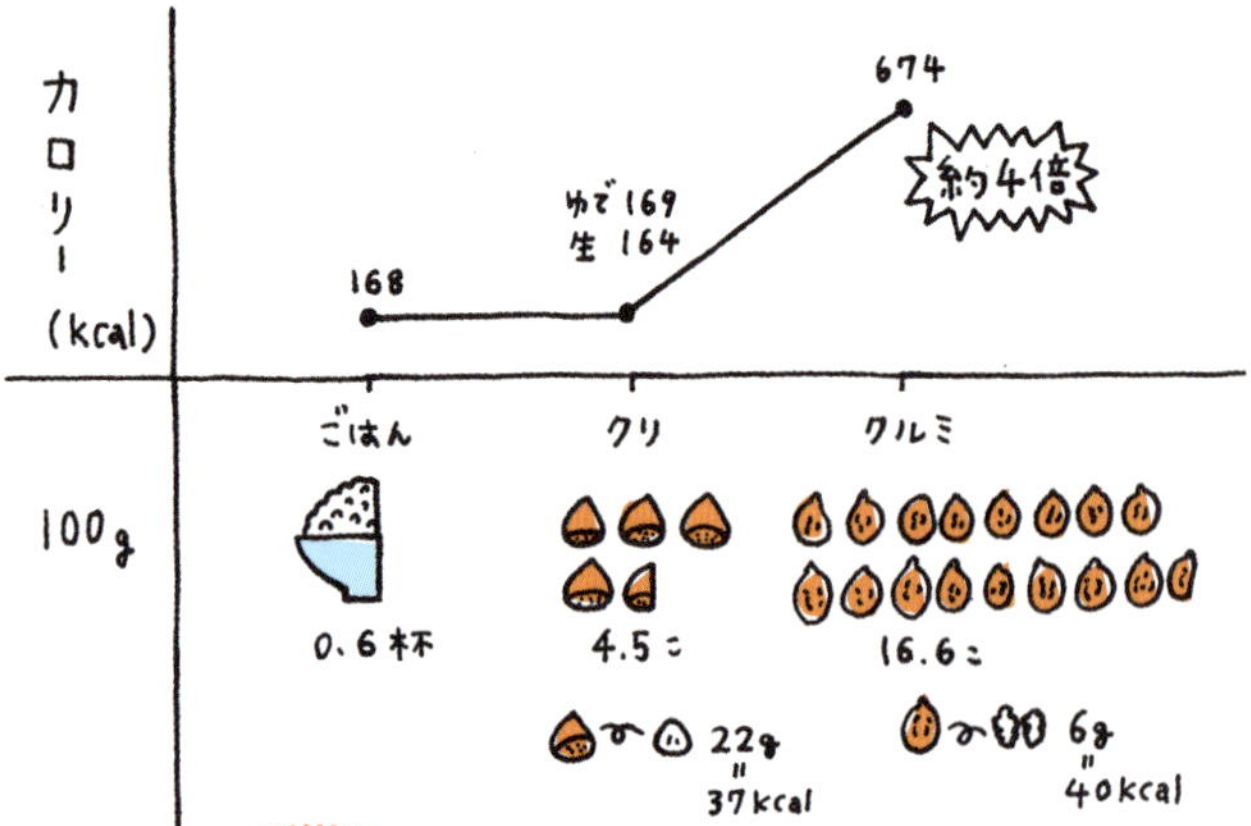

100gあたりのカロリーを見てみると

コメ＝クリ
コメ×4＝クルミ

となっている。

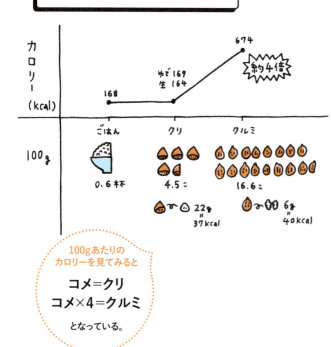

ちなみに山のように積み重なった貝塚の貝、例えばアサリだと、1kgのうち食べられる部分は400gほど、カロリーは120kcal。たとえ1日中貝を食べ続けても、クルミには到底及ばないのです。ですからドングリやクルミ、クリが採れる時には集落総出で森に入り、採集にいそしんだことでしょう。そして大きな貯蔵穴や土器に貯めて、食料の乏しい時期に備えたのです。

当時の主要食糧のカロリー一覧

（可食部100gあたり）

木の実

クリ：164kcal
トチ：161kcal
クルミ：674kcal

肉

シカ：110kcal
イノシシ：268kcal

山菜

ワラビ：21kcal
ゼンマイ：29kcal

貝

アサリ：30kcal
シジミ：64kcal

参照 文部科学省『日本食品標準成分表』2015

ひたすら食べても…

例えばアサリの場合、重量の6割が貝殻なので、食べても食べても微々たる量・カロリーです。

素朴なギモン

Q なぜあんなに貝を食べていたのでしょうか？

A 確かに貝のカロリーは高くありませんが、茹でたスープはほのかに塩味がして、いまのシジミ汁やアサリ汁のように美味しいものでした。とするならば、実を食べるのはもちろんですが、彼らにとって大事だったのは、このスープだったのかもしれません。スープには貝の亜鉛やタウリンなど、生きるために必要な栄養素が溶け出していますから、美味しい上に、疲労回復にもってこいの食材だったのでしょう。

海の民と山の民

Q：食べるものに地域差ってあったんでしょうか？

A：身近な環境から採れるものに依存していたと考えられます。

海の近くで暮らす縄文人と山で暮らす縄文人たちは、お互いの特産物を交易品として交流していました。場合によってはそこに干し肉や塩、干し貝などの食料も含まれていたでしょう。これらは交易品なわけですから、やはり貴重品です。ですから基本は近くの森で獲ったものを日常的に食べる生活をしていました。

そう考えると環境によって食料に偏りが出るのは仕方のないことだと言えます。

貴重な物品は交易で

この当時、貨幣はなく、交易は物々交換によって成立していたとされています。

貝のアクセサリーと塩に干し貝だぞ!!
クマの毛皮でどうだ!!

食べ物の地域差

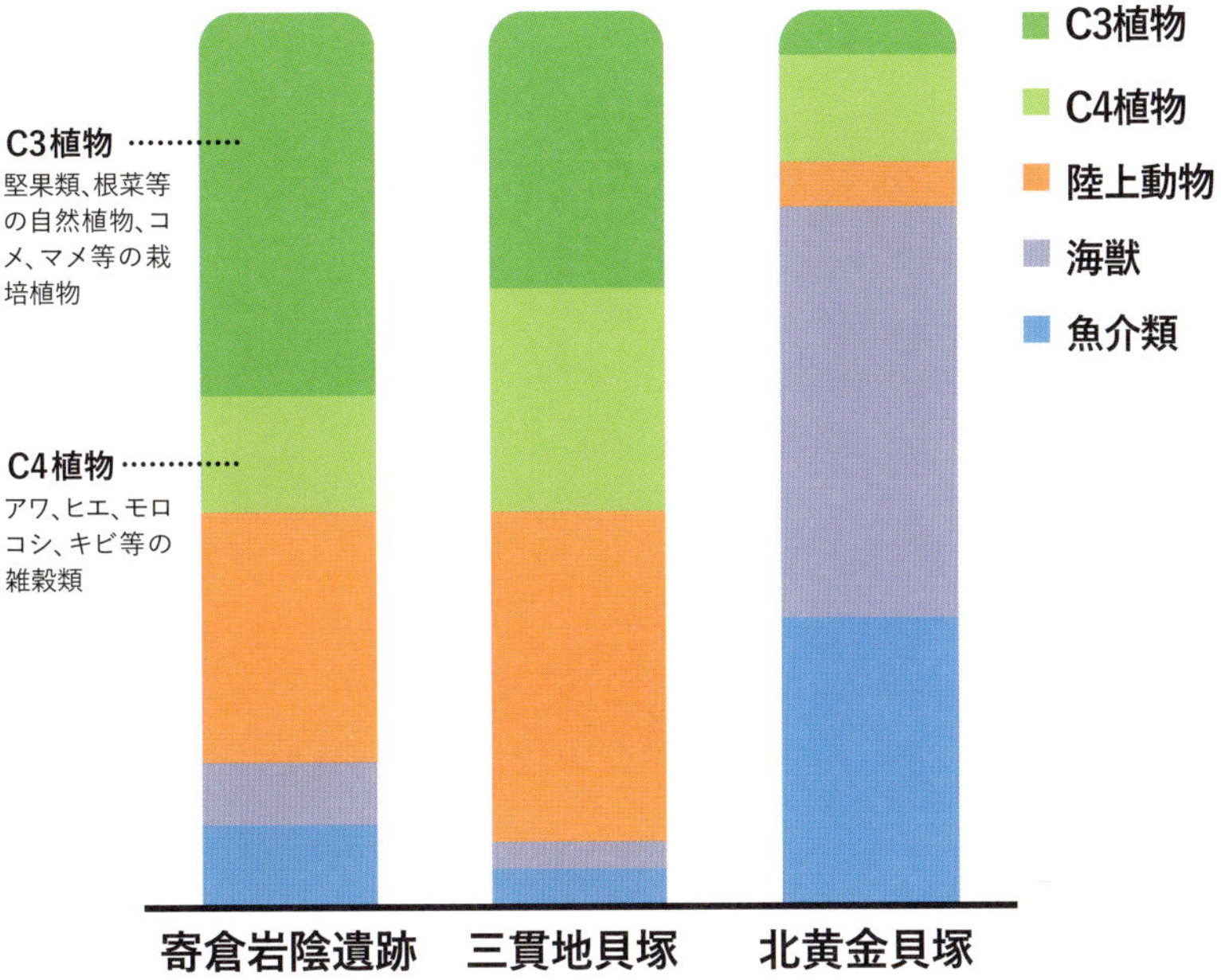

参照　南川雅男「炭素・窒素同位体分析により復元した先史日本人の食生態」2001

食料の地域差を裏付ける、こんな分析があります。

この分析結果からは、広島県庄原市寄倉岩陰《よせくらいわかげ》遺跡で出土した縄文人の主なタンパク源は人骨分析からドングリやクリ、クルミなどの木の実だったことがわかります。一方、北海道伊達市北《きた》黄金《こがね》貝塚の縄文人の主なタンパク源はシャチやトドなどの海獣だったようです。近くで採れたものの違いと考えられる明らかな地域性が見られることがわかります。そして福島県相馬郡新地町三貫地《さんがんじ》貝塚での分析からは植物、陸の動物が多く、魚介類の利用が思いのほか少ないことに驚きます。

当たり前と言えばそうなのですが、科学的な分析からも縄文人たちが身近な環境から採れるものに依存し、暮らしていたことがわかったのです。

縄文食料地図

Q：縄文時代はどこの地域もドングリばっかり食べていたんですか？

A：ドングリなどの木の実がメインでしたが、その比率は地域によって違ったようです。

日本各地の食べ物

北海道では海獣が多く、津軽海峡以南では陸で捕れる動物が多く食べられていたようです。また、東日本と西日本では木の実の割合にも差異がみられました。

縄文時代はドングリなどの木の実をメインに食べていたわけですが、その比率は地域によって違うようです。東北、関東、北陸地方で中心的に食べていたのはクリで、ドングリ、クルミ、トチノミなどはそれを補う食材として。西日本、九州地方ではアク抜きをせずに食べられるイチイガシや、その他ドングリを中心に、それを補うようにクルミ、クリ、トチノミを食べていたようです。ご存知のとおり日本列島は南北に長く、それに伴い育つ植物が変わりますから、食べていたものに違いが出てくるのは当然のことと言えます。津軽海峡以南の日本列島ではシカ、イノシシはもちろん、ツキノワグマ、カモシカ、ノウサギ、キツネ、テンなどを狩っていますが北海道ではイノシシ、カモシカの代わりにエゾジカ、ヒグマに加え、トド、アザラシ、オットセイ、アシカがよく食べられていたのもその土地の特徴と言えるでしょう。石川県能登半島にある真脇《まわき》遺跡や神奈川県三浦半島にある称名《しょうみょう》寺《じ》貝塚からは大量のイルカの骨が出土していて、北海道と同様、その土地でよく獲れる動物をメインに食べていたことがわかります。

こうした特産品は各地を交易した人たちにとって、厳しい道のりを旅する楽しみの1つだったのかもしれません。

西日本・九州

参照 渡辺 誠『縄文時代の植物食』1975

海路を使って運ばれる交易品

もしかしたら、交易品の他、人の移動もあった可能性があります。交易人が仲人になって、遠くの集落まで嫁入り、なんてこともあったかもしれません。

地域間での交易では、先ほどの道具や装身具だけではなく、106ページでお話したように食料のやり取りもあったのではないかと考えられています。

ただし、生のまま遠方まで運ぶわけにはいきませんから、加工を施したのでしょう。海が近い地域では貝を干し貝に加工したものや、縄文時代後期以降には、塩を製造して山に暮らす人々との交易品としていたようです。

代表的な干し貝の加工場として東京都北区にある中里《なかざと》貝塚があります。ここには人が

交易で交流のある集落へ嫁入り?
交易人

丸木舟
千葉県市川市雷《かみなり》下《した》遺跡から7500年前のものが見つかっている。

暮らした痕跡がなく、代わりに干し貝にするために貝から身を取り出す加工に必要とされた、底に粘土を貼った窪地が数ヶ所発見されています。焚火でカンカンに焼いた石を水と貝を溜めた窪地に投入して沸騰させ、貝の口を開けさせて身を剥がしたとされています。

今のように車など無い時代、これらの物資は中継地を経ながら山の尾根を歩いて陸路を人が運ぶこともあれば、丸木舟を使って海路で運ばれることもありました。その証拠に海沿いの遺跡からは数多くの丸木舟が見つかっています。舟は陸路よりも早く、人と沢山の品物を積んで遠方まで運ぶことができます。実際に、伊豆諸島の八丈島にある倉輪《くらわ》遺跡からは関東・東海・近畿を中心として遠くは青森の品が出土しています。このことからも、海は今でいう高速道路のようなものだったのかもしれません。

このように日々の暮らしを豊かにするために、日常的な道具や特別な装身具、そして近隣では採れないような食料などを様々な方法によって入手していた縄文人たち。各地域によってコミュニケーションをとるための言葉の違いはあったと思われますが、モノを介してかなり広範囲に交易のネットワークが広がっていたのは間違いなさそうです。

数々の交易品
交易人
海は今で言う“高速道路”。
人やモノを早く届けます。

縄文人も歯が大事

Q：縄文人って虫歯の人とかいたんでしょうか?

A：虫歯や歯槽膿漏の痕跡があるものも見つかるようです。

縄文人の虫歯事情ですが、見つかる骨の中には虫歯や歯槽膿漏の痕跡があるものもあります。その上、世界の狩猟採集民族と比べても、虫歯になっている人の率が高いというデータがもあります。

お菓子やケーキなどの甘いものがない時代に、虫歯が多かったというのは意外な感じがしますが、その原因は彼らが普段食べている食料にありました。お話してきたように、彼らの主食は木の実やイモ類などのデンプン質を多く含む食べ物です。デンプンには糖類が含まれていますから、これが虫歯の原因になるのです。

虫歯と歯槽膿漏《しそうのうろう》に罹患《りかん》した骨

歯だけではなく、骨まで達するほどの歯槽膿漏の跡が残された骨も見つかっています。

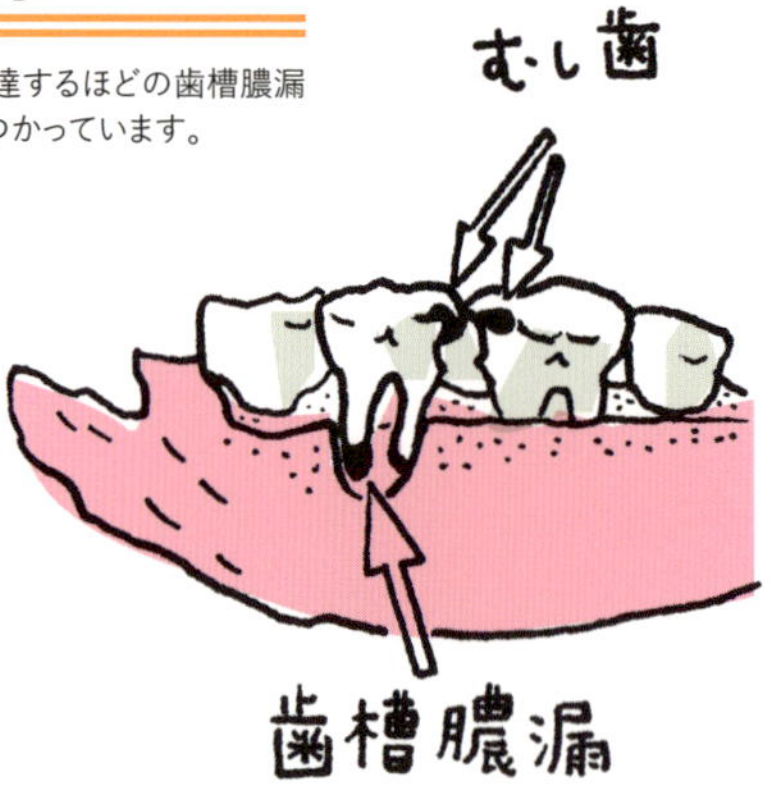

素朴なギモン

Q 歯磨きはしなかったんでしょうか?

A 虫歯の多かった縄文人ですが、木の棒を噛んで歯磨きをしていた可能性があります。
また、今の楊枝のように歯の間に挟まったものを掻き出して、彼らなりに口腔内のお手入れはしていたのではないでしょうか。

虫歯にも地域差

デンプン質のものをよく食べていた地域では虫歯になりやすく、海獣をよく食べていた地域では虫歯になりにくかったようです。

主食は海獣の肉

デンプン質が少なく虫歯になりにくい。

主食は木の実やユリネ

デンプン質が多く虫歯になりやすい。

ここで思い出して頂きたいのが先程の「食べていたものに地域差があった」という話。広島県の山間部では主に木の実を食べ、北海道では海獣を食べていた、というものです。この結果が虫歯に罹る率にもどうやら反映されていたようで、北海道で出土した縄文人の骨には虫歯の痕跡がほとんどないといいます。

歯医者も存在せず、虫歯になっても薬草を詰めるぐらいしか治療法がなかった時代。かかってしまったら最後、その痛みに耐えるしかないわけですから、その苦しみたるや、想像を絶します。

植物栽培は縄文から？

Q：全国的にそんなに長い間木の実を食べていたなら、育てていたりもしたんですか？

A：植物栽培に似たようなことは縄文時代のかなり早い段階から行われていたようです。

栽培の話の前に、彼らの植物の利用方法をおさらいしておきましょう。

まず、これまで話してきたように、食料としての利用があります。この他にも、布を作るためにアカソ、カラムシなどの植物繊維を利用し、クリの木で家を建てました。ウルシから樹液を採集し、接着剤のほか土器や土偶などの彩色に使用しました。こうしてみると、彼らの暮らしは植物によって成立していたのですね。

食料としての利用

森からの恵みを積極的に食べ、貯蔵していました

メイン食材
ドングリ
トチ
クルミ
シイ
イモ
サブ食材
アズキ
ダイズ
ヒエ
ゴボウ
などなど

食料以外の利用

木や樹液、果ては繊維まで植物を余すことなく利用していました

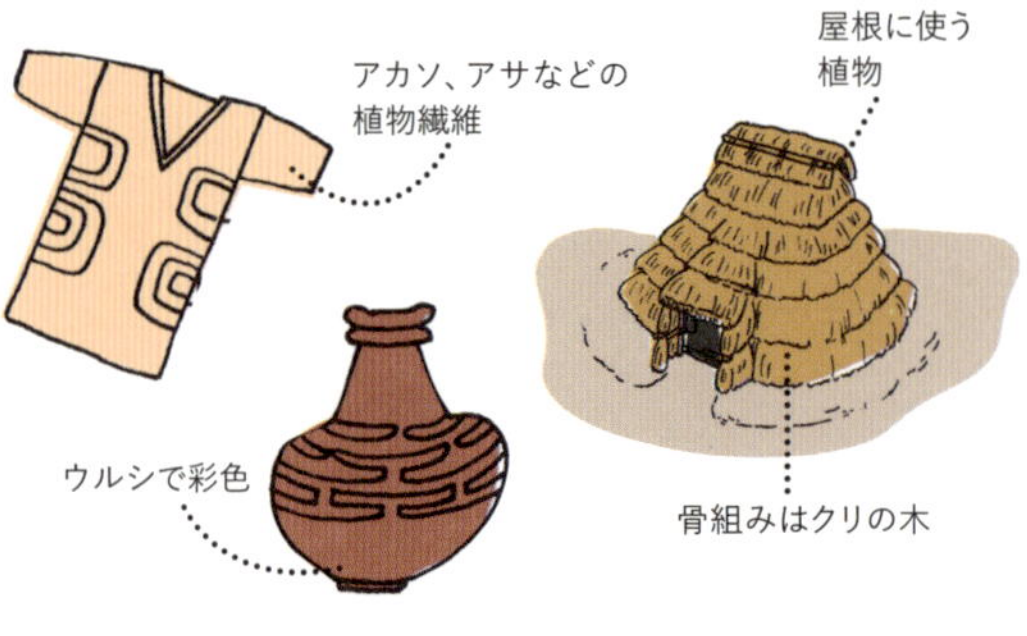
アカソ、アサなどの植物繊維
屋根に使う植物
ウルシで彩色
骨組みはクリの木

縄文人が作り出したクリの森

縄文人たちはより大きな実をつける木をきちんと管理し、自然界ではありえない、クリだけの森を作り出していました。

彼らは自生している植物を大いに利用しました。ただ、それに加えて、より自分たちが利用しやすいようにしていった形跡があるのです。

例えば縄文人が大好きなクリは、ナラやクヌギなどに混じって存在するのが一般的で、単体で森を形成することはありません。しかし、縄文時代中期の代表的な遺跡、青森県青森市の三内丸山遺跡の周辺にクリだけの森があったことがわかっています。つまり彼らは周辺の森に積極的に関わり、より大きな実をつける木を時間をかけて管理することで、実の大きなクリの木だけの森を作り出したのです。これらはクリの遺伝子の多様性が少ないことから明らかになりました。

植物栽培は縄文から？

クリの他、ダイズの栽培もしていたと考えられています。もともと日本列島に自生するツルマメという野生種を栽培化したものがダイズ、ヤブツルアズキという野生種を栽培化したものがアズキだと考えられています。

縄文人は草創期、そして早期前期と野生のマメ類を採集していたようで、その痕跡が「圧痕《あっこん》レプリカ法」という方法を使うことでわかるようになってきました。土器表面に開いた穴にシリコン素材を注ぎ込んで穴の型を取り、その型を観察することで、どんな植物が土器生地に混入していたのかを判断するのです。この方法によって縄文時代前期の土器生地に混入していた野生種のマメ類が、中期の土器には人が関わって大きくなったと思われるマメ類に変化していたことが明らかになりました。中期になると土器に混入していたダイズやアズキが急激に大きなものに変化するのです。

圧痕レプリカ法って？

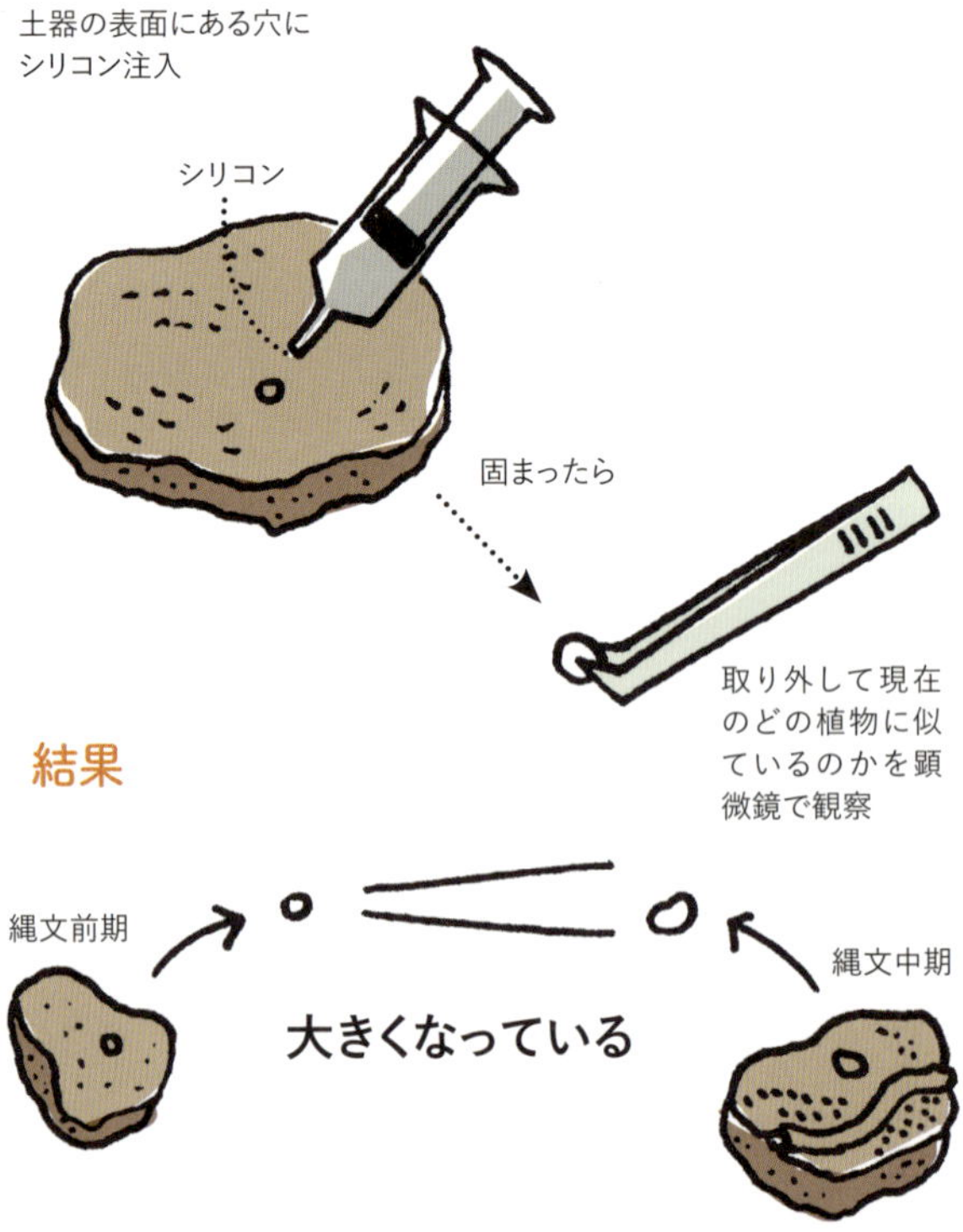
土器の表面にある穴に
シリコン注入
シリコン
固まったら
取り外して現在
のどの植物に似
ているのかを顕
微鏡で観察
結果
縄文前期
縄文中期
大きくなっている

選び、土に撒く

大きい実を選んで採集しやすい場所に撒きます。雑草などはそのままだったと考えられます。

自生しているものから選ぶこともあれば、取ってきた実を選別し、大きい実を選んでいた可能性もあると考えられます。

種を撒き、マメを育てます。

このことからマメ類もクリと同じように自生している中から縄文人が大きな実を選んで採集し、土に撒いて育てていたと考えられています。この期間、およそ千年以上。こんなにも長い時間をかけ、縄文人は植物を管理栽培していたのです。きっとそれだけの時間と労力をかけられるほど、ダイズやアズキが彼らにとって重要な食料だったのでしょう。もしかすると乾燥したままで保存できるマメ類はドングリやクリに匹敵する、欠かせない食料だったのかもしれません。それを確実に、効率よく入手するためにはどうしたらいいのかを考えた結果が、管理栽培という方法だったのではないでしょうか。

縄文時代隣の国の晩御飯

縄文時代に何を食べていたのかが、土の中から出てきたものでわかるように、他の国の発掘調査からもわかっています。例えばお隣の国、中国の例を見てみましょう。

今から4000年ほど前の中国青海省《せいかい》の喇家《らっか》遺跡から、赤い陶器茶碗に入ったまま、くねくねと巻いたような状態の麺が見つかっています。これは最も古い麺だと考えられており、成分分析を行ったところ、現在の拉麺の原料である小麦ではなく、アワをすり潰して作られた麺であることが判明しました。その上、どうやらこれは、人の食べ物ではなく、祭祀用の食物だったのではないかと研究者は考えているようです。当時の人が日常的にこの麺を食べていたと言うわけではなさそうですが、それでも麺というものが4000年前の中国には存在していた事実は間違いありません。4000年前の日本列島はといえば、縄文時代の後期に当たり、木の実を盛んに食べていたわけです。同じ頃中国ではすでに麺ができていたという食文化の違いに興味が湧きます。

例えば中国にはお料理上手な人がいて、アワは麺にした方が口当たりも良くて、火の通りもいいなどと考えつき、周辺一帯に広まった。それがきっかけで現在の麺大国中国の基礎ができたのだとしたら面白いですね。魚の干物が縄文時代から続くように、中国では4000年前の麺文化が今に続いているのかもしれません。

その他にこんな事例もあります。中国西安《せいあん》市郊外の今から2400年以上前の戦国時代のお墓から、高さ20㎝の青銅器の鼎《かなえ》（食べ物を煮るための3本足がついた鍋）が見つかりました。その中には緑色に変色した1歳未満のオスの子犬の骨と液体が残されていました。専門家によれば、鼎で煮込んだ犬のスープが密封されていたため、そのまま残されていたというのです。今でも中国の一部の地方では犬の肉を食べる習慣がありますが、それは既にこの時代から始まっていたことになります。お墓から見つかったということは、被葬者へのお供えだったのかもしれません。

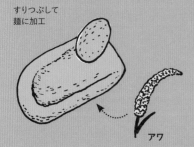

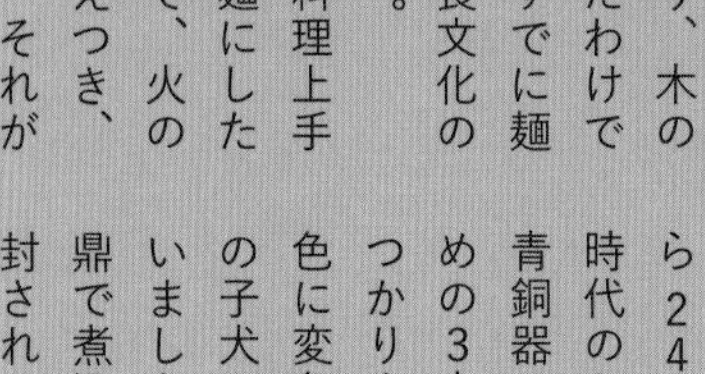

知られざる
縄文ライフ
4
章

祈り

太古の祈り

Q：縄文時代のお祈りってどんなものだったんですか。

A：今のような神社やお寺などはなく、祀りが執り行われていました。

縄文時代には今のような神社やお寺などはありません。その代わりに集落や周辺の人々が集まって祀りを行っていました（60ページ）。

自然界の霊的存在を感じ、それらと共に生きていたと思われる彼らは、特定の存在に祈るというよりは、いろいろなものに対して祈りを捧げるといった具合だったようです。

今でも「お天道様が見ているから悪い事は出来ない」と言ったりする事がありますが、これは、縄文時代に培われた霊的存在に対する畏怖の念が、今に続いているのかもしれません。

また自然のリズムに対しても祈りを捧げていたのではないでしょうか。太陽の力が一番弱まる冬至、昼と夜が同じ長さになる春分、秋分。時には満月の夜や新月の夜にも祀りを行ったかもしれません。その時に登場するのが土偶（124ページ）や石棒（136ページ）なのです。それらの道具を使い、自分たちの願いを叶えようとしたのです。

人が生きていくうえで、何かに祈りたい、すがりたいと思うのは、古今東西共通の感情と言えます。もっと言えば人間の根源的欲求だといっていいかもしれません。

特に、縄文時代のように自然に依存する厳しい環境を生き抜いて行く時には、仲間以外にも心の拠り所が必要だったのではないでしょうか。

皆で祈ることで心に平安をもたらし、絆を強め、日々の暮らしを紡いでいく。そんな祈りが縄文時代にはあったのです。

祈りの場で使われた道具

土器や石器のような明確な使用用途が想像しにくい土偶や石棒は、祈りの道具として使われていたのかもしれません。

奈良県橿原市観音寺本馬遺跡出土　土偶
奈良県立橿原考古学研究所蔵

奈良県橿原市観音寺本馬遺跡出土　石棒
奈良県立橿原考古学研究所蔵

石棒

男性を象ったとされる石製品です。太さや大きさは様々ですが、短く折れ、焼かれたものが多く出土しています。

土偶

人型の焼き物。多くは女性を象ったとされています。日本全国から出土しており、縄文時代を通じて見られる代表的な遺物のひとつでもあります。

ストーンサークルと時の流れ

Q：縄文人って時間とかわかっていたんですかね？

A：縄文人たちは、自然の恵みから時の流れを理解していたようです。

縄文の生活カレンダー（96ページ）にあるように、どの時期に何が獲れるのかを頭に入れて彼らは食料計画を立てていたはずですから、1年の大きな時間の流れはわかっていたでしょう。

それ以外に、諸説ありますが、縄文時代の日時計だったのではないかと言われるものがあります。それは秋田県鹿角市にある大湯《おおゆ》環状《かんじょう》列石《れっせき》は直径44mと52mの2つの環状列石（ストーンサークル）で、内側にそれぞれ直径15m前後のサークルがあり、「日時計」と呼ばれる立石のある不思議な遺跡です。

その下は共同墓地になっていると考えられているようですが、なんとも意味有りげです。この遺跡からは祭祀に使われたと思われる土偶、土器、石器も多数出土しています。事実はわかりませんが、夜と昼の長さが同じになる春分や秋分の日に、このストーンサークルの周りに集落の人々が集まって祀りを行っていたかもしれません。

ストーンサークル

祭祀のためとも、日時計だったとも言われています。日本で最初に報告された環状列石は、北海道小樽市にある忍路《おしょろ》環状列石です。

時間の流れは今も縄文時代も変わりませんが、時が過ぎるのを早く感じるのは、私たちの日々の暮らしがちょっと忙しすぎるのかもしれませんね。

土偶と祈り

Q：土偶はどういったものなのですか？

A：一説には祈りの道具とされていますが、形や大きさなど実に様々なものが存在します。

縄文人たちは様々な形で自然に祈りを捧げていたと考えられます。そんな祈りの道具としても使われた「土偶」。

次のページから、そんな土偶の中から国宝に指定された5体の土偶を紹介していきます。

【中空土偶】
約3500年前（縄文時代後期後半）
北海道函館市 著保内野《ちょぼないの》遺跡出土

【合掌土偶】
約3500年前（縄文時代後期後半）
青森県八戸市 風張《かざはり》1遺跡出土

【縄文の女神】
約4500年前（縄文時代中期）
山形県最上郡舟形町 西ノ前《にしのまえ》遺跡出土

古いものから並べると…

中期

後期前半

後期後半

大きさ比べ

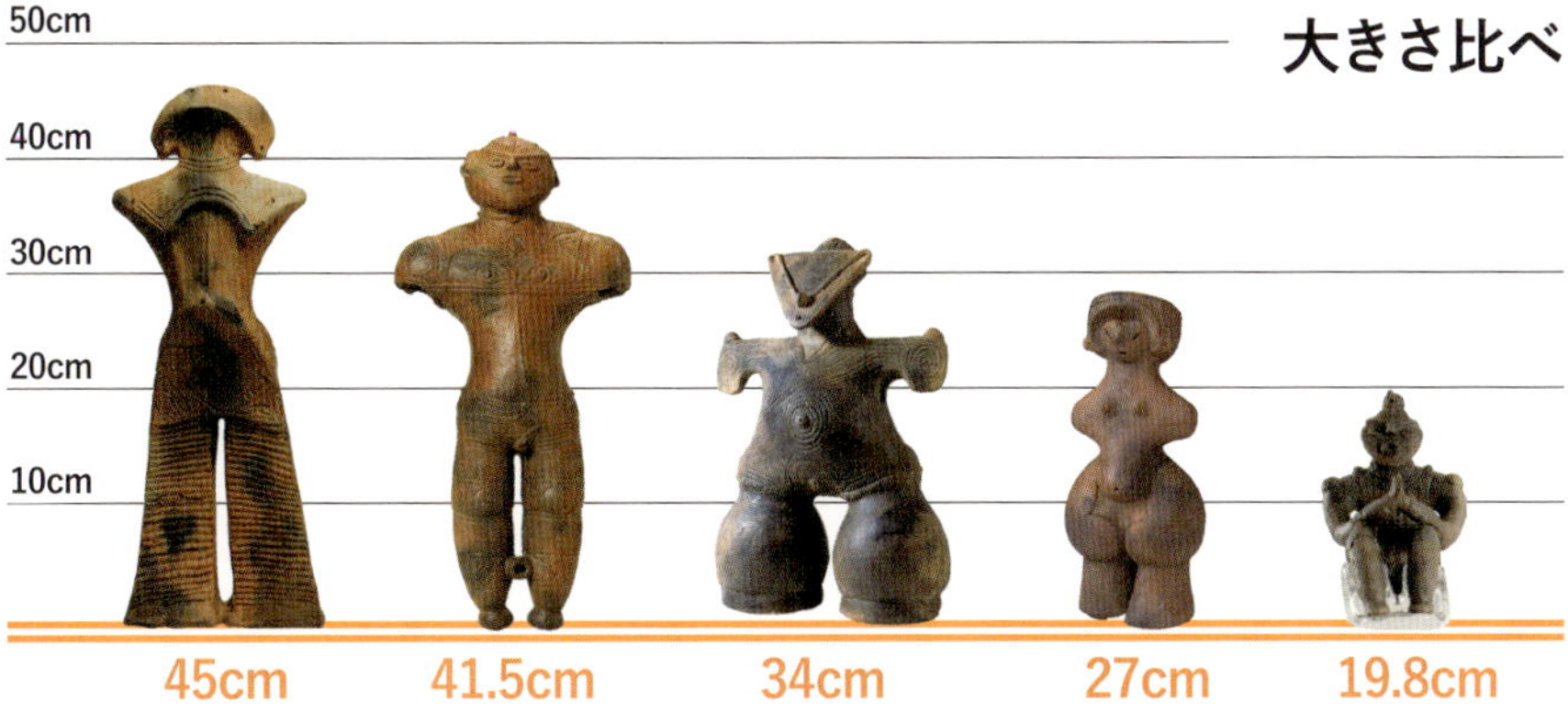
50cm
40cm
30cm
20cm
10cm
45cm
41.5cm
34cm
27cm
19.8cm

【縄文ビーナス】
約4000〜5000年前（縄文時代中期）
長野県茅野市 棚畑《たなばたけ》遺跡出土

【仮面の女神】
約4000〜3500年前（縄文時代後期前半）
長野県茅野市 中ツ原《なかっぱら》遺跡出土

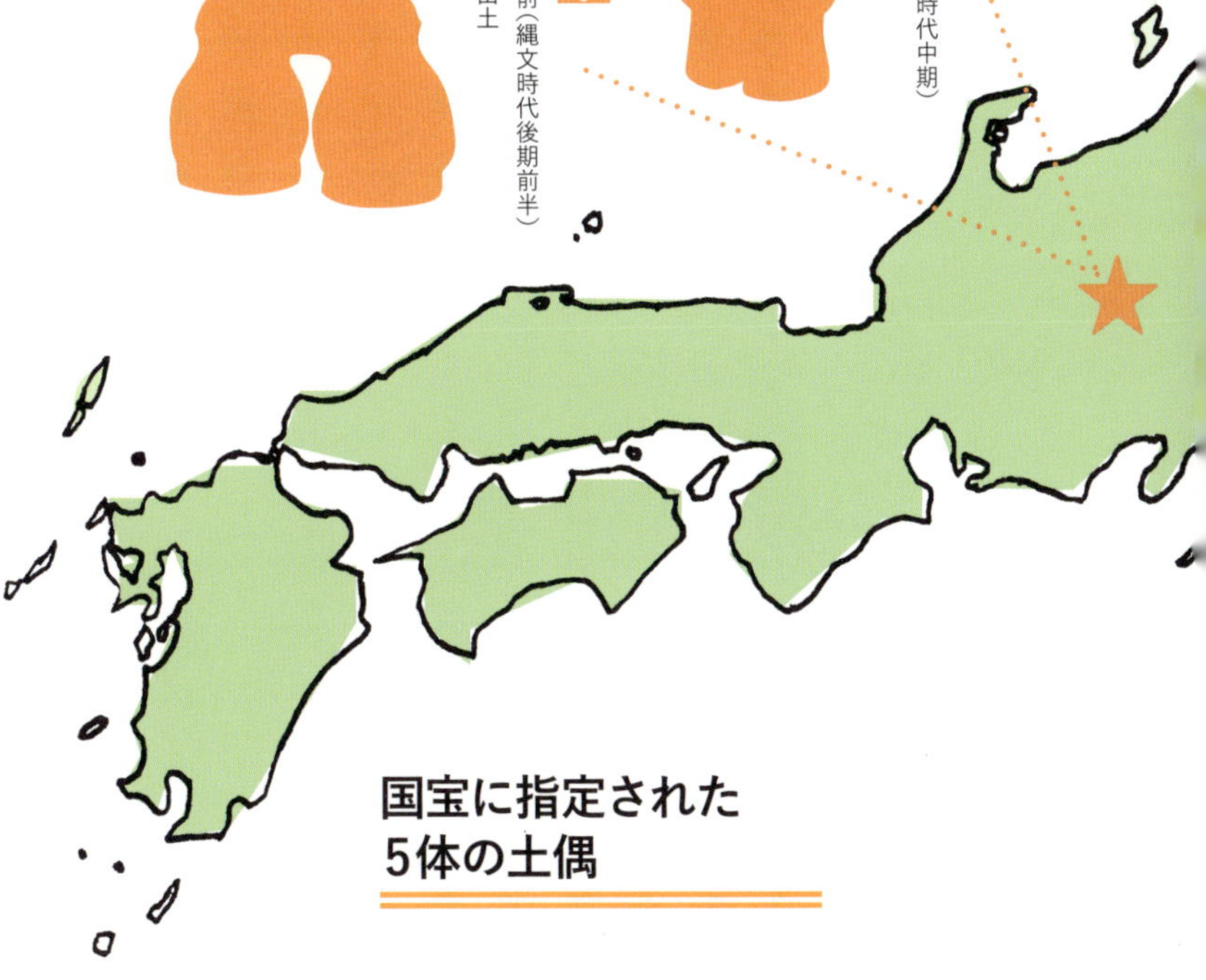

国宝に指定された5体の土偶

縄文の造形美『土偶』

国宝の土偶たちに込められた
縄文の心に思いを馳せてみましょう。

【縄文の女神】

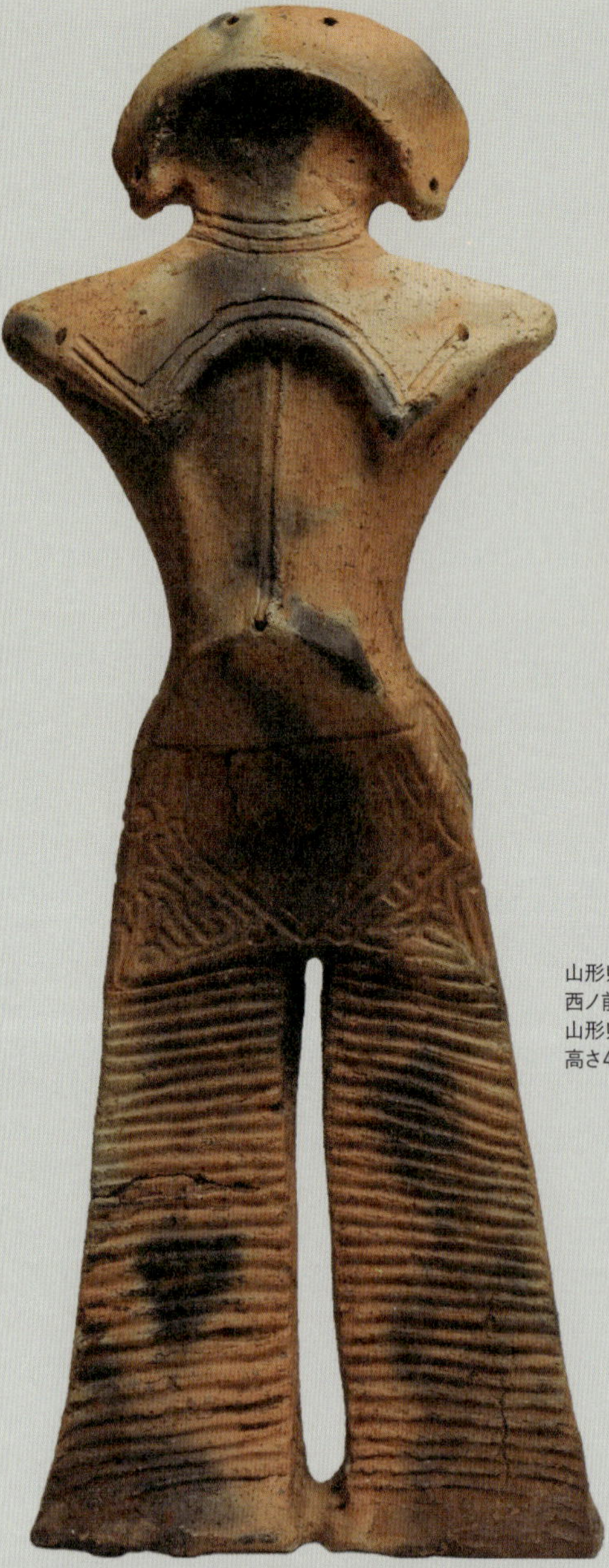

山形県最上郡舟形町
西ノ前遺跡出土（国宝）
山形県立博物館蔵
高さ45cm

東北地方の縄文時代中期を代表する土偶です。高さが45cmと、現存する土偶の中では最大級の大きさを誇ります。

顔の表情は作られていません。それなのに、耳飾りの穴はしっかり作られているという、ちょっと不思議な土偶。

どっしりとした脚の上に板状の上半身が絶妙なバランスで乗っている土偶です。上から見ると、土台になった脚の大きさの中に、控えめな胸も出っ張り気味のお尻もすべて収まっていることがよくわかります。本当に計算されてる!

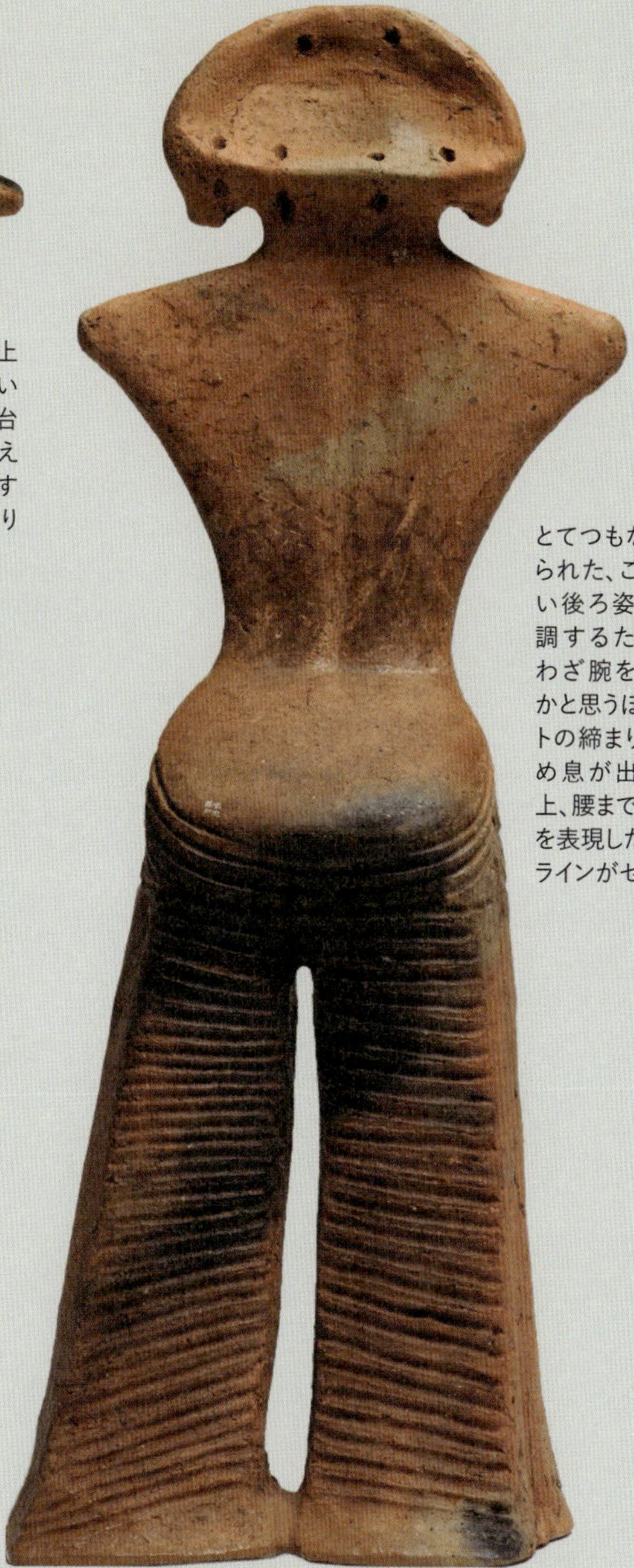

とてつもなくよく考えられた、この素晴らしい後ろ姿! それを強調するために、わざわざ腕を短くしたのかと思うほどのウエストの締まり具合に、ため息が出ます。その上、腰まで延びる背骨を表現した真っ直ぐなラインがセクシー。

縄文の造形美『土偶』

【縄文ビーナス】

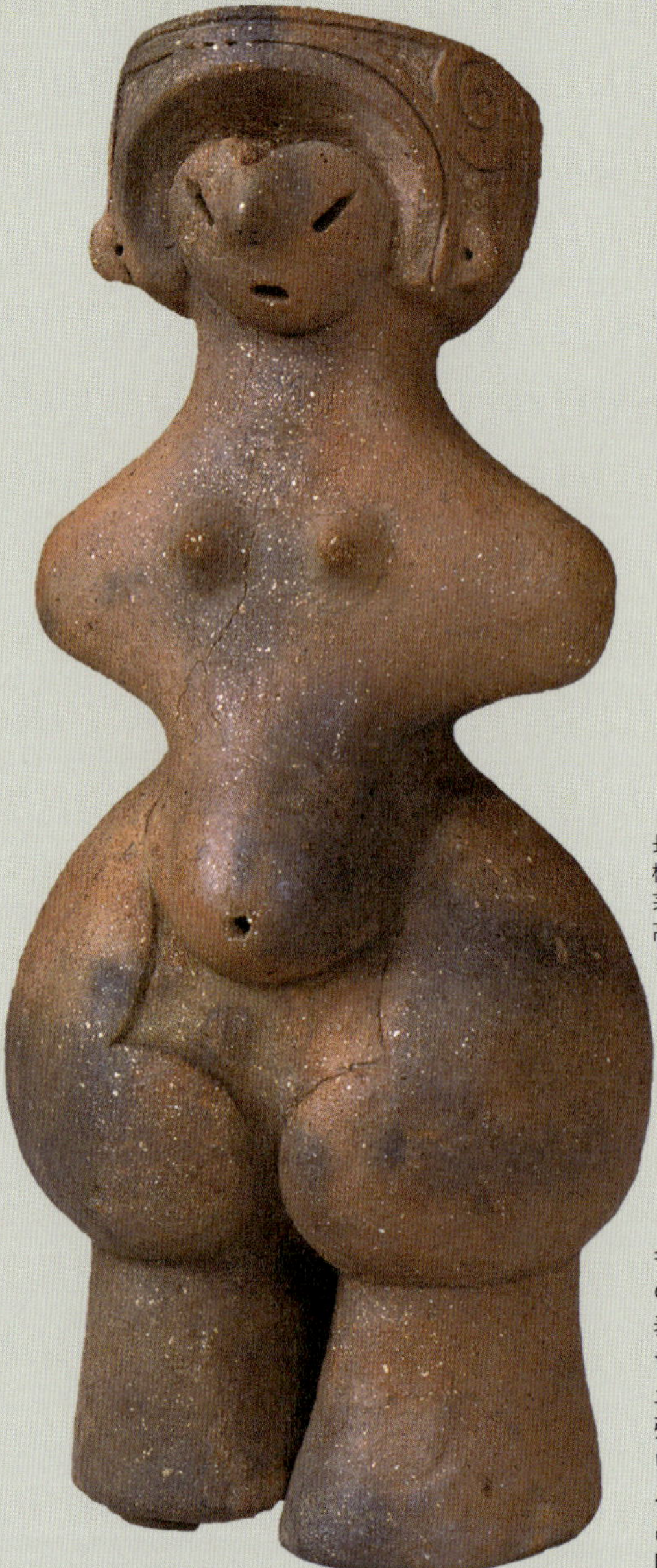

長野県茅野市
棚畑遺跡出土（国宝）
茅野市尖石縄文考古館蔵
高さ27cm

キラキラと輝く雲母入りの特別な粘土を、身体の表面に塗るという凝りよう。それほどまでにこの土偶には、集落の人々の強い想いが込められていたのでしょうか。

ハート形の愛らしい顔、吊り上がった目とちょんと開けられた鼻の穴、そしてぽかりと空いた口が特徴的。

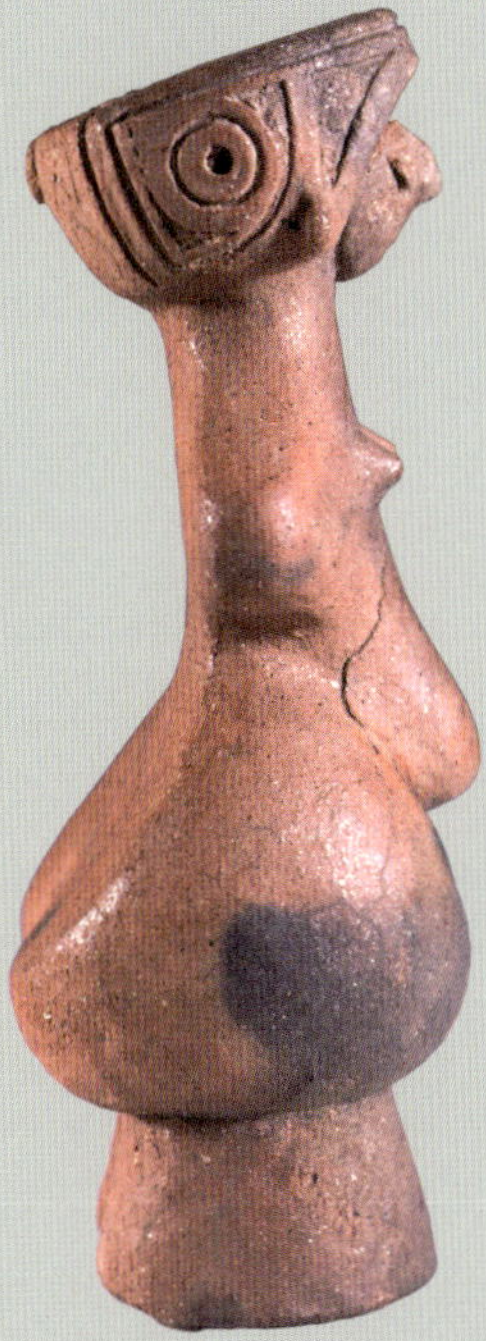

ヘルメットを被ったような頭のてっぺんには渦巻き模様、そして左右にはそれぞれ違う模様が施されています。これらは髪型を表現したと考えられています。
そして安定感抜群の安産型のこのお尻は、ビーナスを置いて他にありません。プリケツ!

横から見ると、下に垂れ下がったお腹に目がいきます。これは妊娠状態を表しているのだとか。下半身の大きさと相まって、ゆったり、そして、どっしりとした母の愛が醸し出されているような気がします。ツルツルに磨かれた背中の美しさが堪りません。

仮面の女神

長野県茅野市
中ッ原遺跡出土（国宝）
茅野市尖石縄文考古館蔵
高さ34cm

愛する人を、がしっと受け止めるように広げた手。その掌にはぐるぐる模様が描かれています。その掌に呼応するようなお臍周りのデザインが統一感を与えています。空洞の身体、緻密な模様、逆三角形の仮面、そしてはっきりと刻まれた女性器がこの土偶の特徴と言えます。

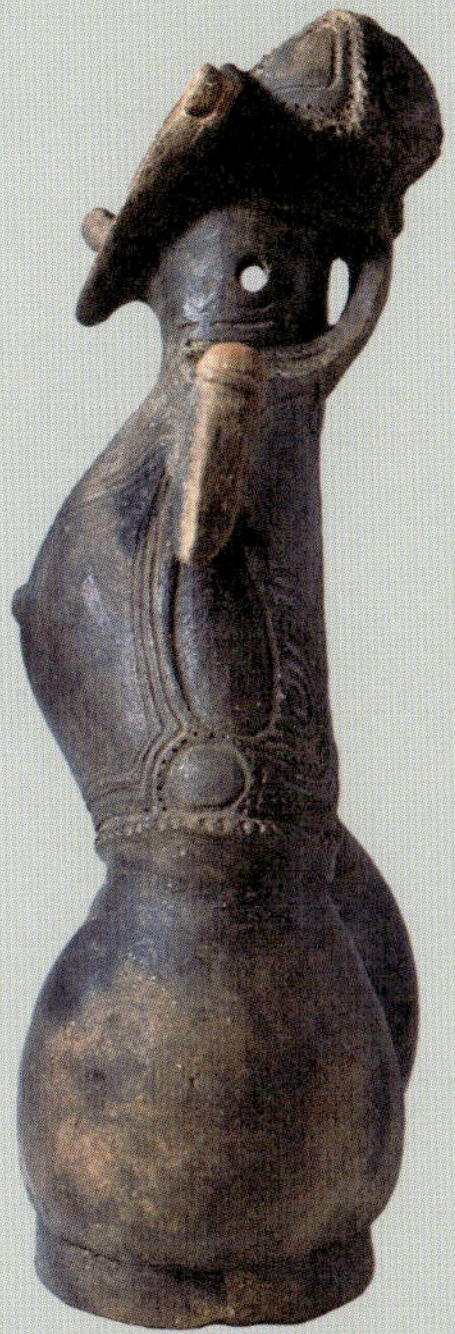

横から見ると、前に突き出た仮面の具合がよくわかります。そして意外に鼻が高いこと、そしてせり出すようなお腹の膨れ具合に驚きます。首や頭頂部、股、脚の裏、お臍に開けられた穴は、焼いた際に破裂しないようにするための空気穴なのだとか。本当に良く考えられた土偶だ。

背中に施された、前から続くデザインの素晴らしさと言ったらありません。後頭部に十字にかけられた、仮面を結ぶための紐の造形も巧みです。気になるのが下半身にある2つの丸い瘤状のもの。もしかしたら、お尻を表現したのでしょうか。

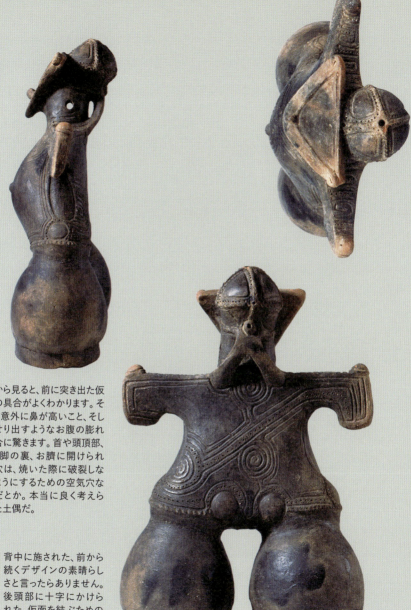

【合掌土偶】

青森県八戸市
風張1遺跡出土（国宝）
八戸市蔵
高さ19.8cm

アメリカンフットボールの選手のような肩パット形の造形を見ると、一瞬、男性か？ と思いますが、違います。開いた股の奥には女性器が作られているのです。合掌土偶の名前の由来になった膝の上で組まれた合掌は、垂れ下がる紐をぎゅっと握りしめて息んでいた出産（座産）の様子を表しているとも言われています。

お恥ずかしい角度で失礼します。実はこの子には、お尻の穴まで作られていたのです！ 芸が細かい縄文人。

写真：レプリカ

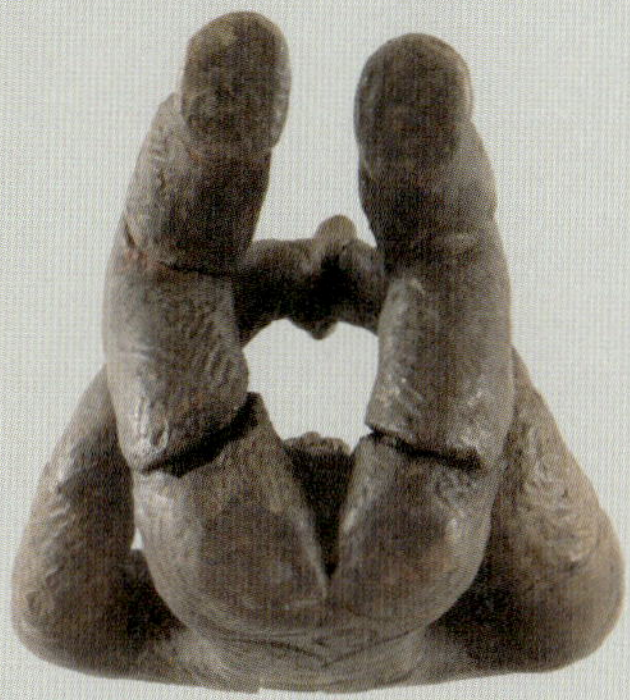

腕の細さが際立ちます。当時、折れてしまった脚の部分を天然アスファルトで補修した痕が見つかっています。

写真：レプリカ

後ろから見ると、意外にウエストが括れていることがわかります。また、後頭部の膨らみに対して異常に大きな顔の輪郭が見て取れます。ということは、この子の顔は、本当は仮面なのではないか？ などと想像するのも楽しいものです。

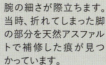

【中空土偶】

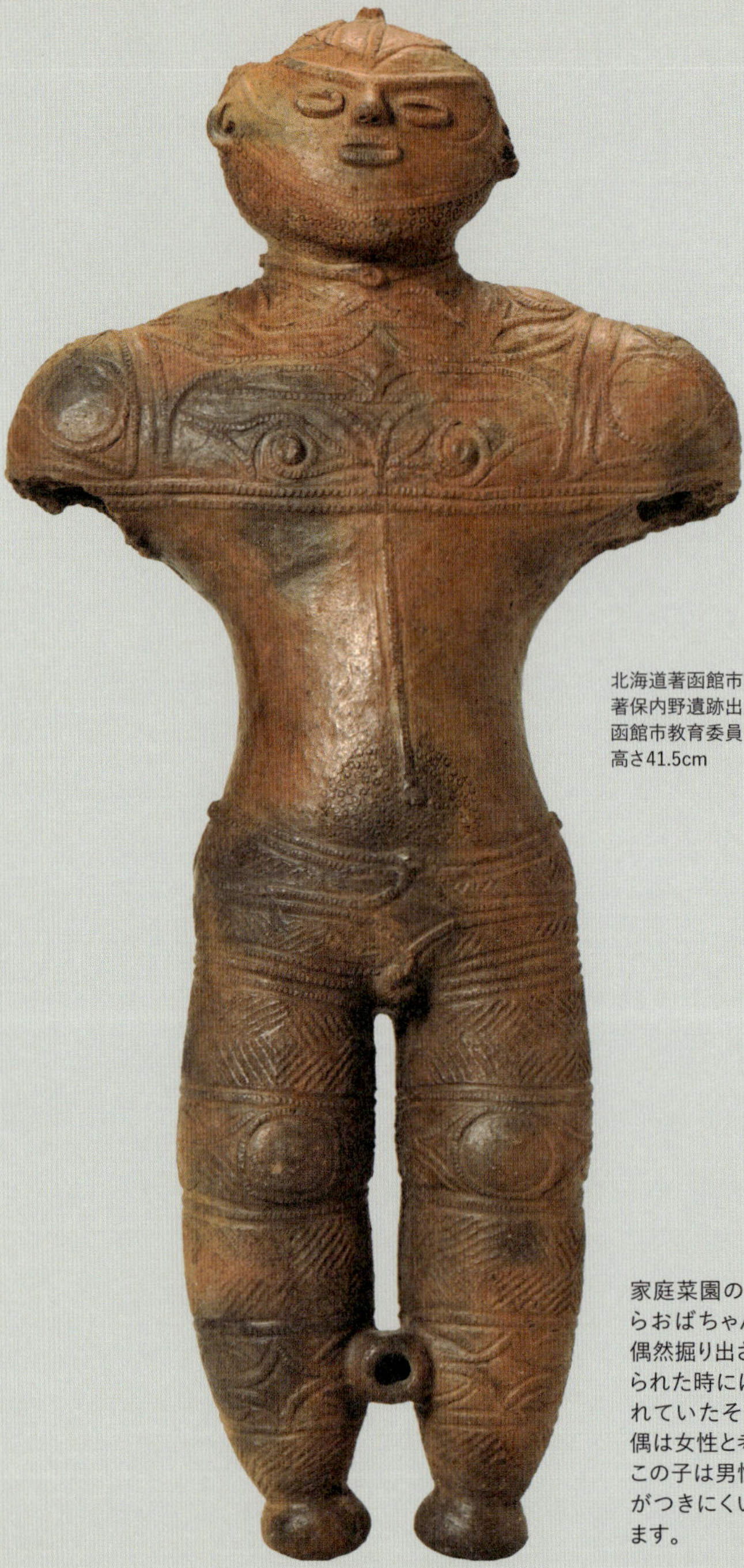

北海道著函館市
著保内野遺跡出土（国宝）
函館市教育委員会蔵
高さ41.5cm

家庭菜園のジャガイモ畑からおばちゃんの手に寄って偶然掘り出されました。埋められた時には既に腕は失われていたそうです。通常土偶は女性と考えられますが、この子は男性か女性か判断がつきにくいと言われています。

特にびっしりと描き込まれた下半身に注目してみましょう。前の膝の部分は丸く切り取られたような模様を施していますが、後ろの部分は他の部分と同じように横長のダイヤ型をしています。こういう細かな部分にも気を配る縄文人の繊細さに胸がトキメキます。

もうひとつの祈りの道具、石棒

Q：では、男性を表した石棒はどういったものなのですか？

A：土偶同様、様々なものがありました。

様々な石棒《せきぼう》

太さも大きさも、様々なものがありました。現在日本で発見されているもののうち、最大のものは長野県佐久郡佐久穂町で出土した石棒。高さ2.23mもの大きさです。

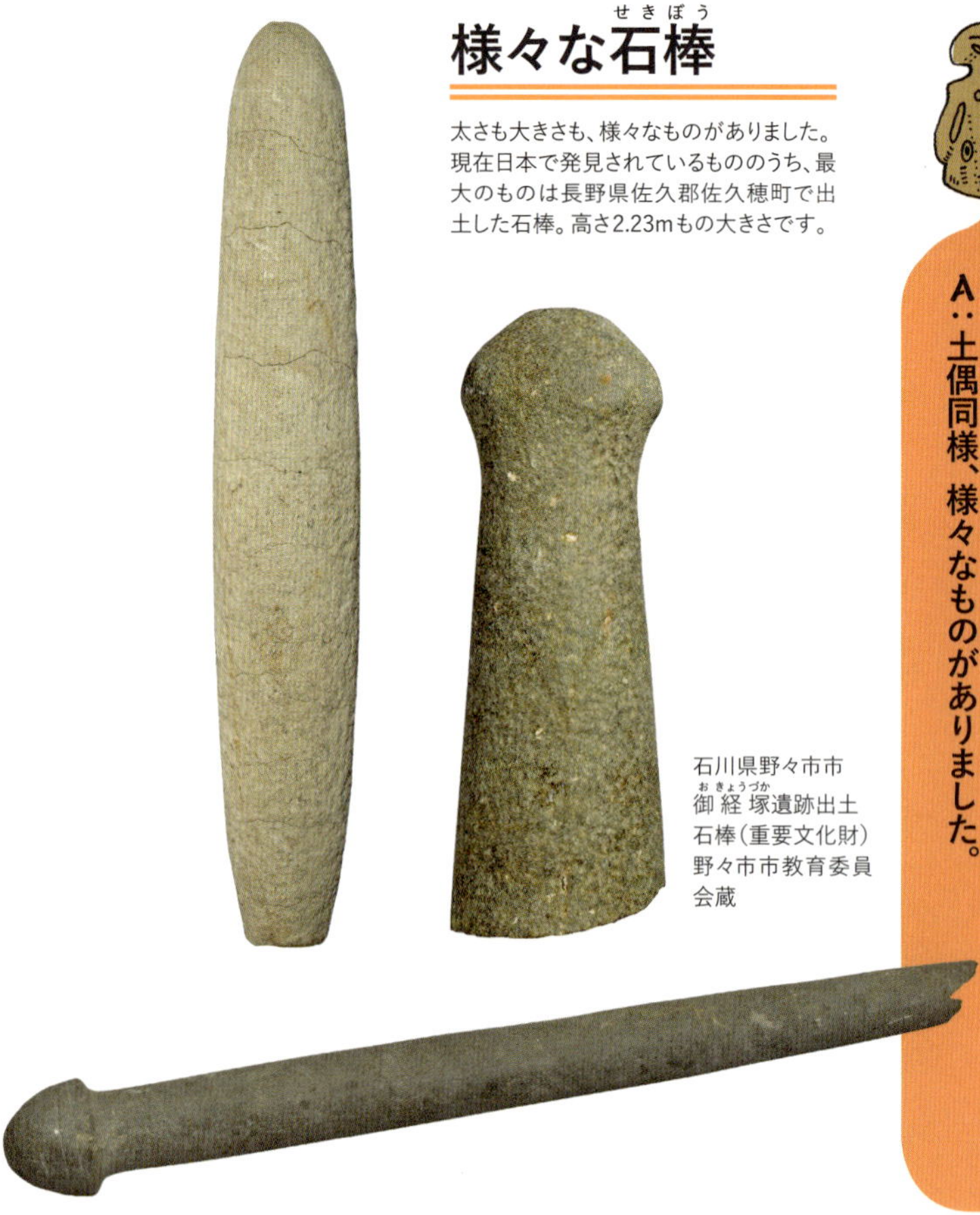

石川県野々市市御経塚《おきょうづか》遺跡出土石棒（重要文化財）野々市市教育委員会蔵

縄文時代には男性器を模したとされる「石棒《せきぼう》」といわれるものが作られています。女性を象ったとされる土偶に対して、男性を象った石棒が東日本を中心に縄文時代中期から後期にかけて盛大に作られ始め、その後、縄文時代が終わるまで作られました。大きなものは2m以上のものもありますが、場所と時代によって、その大きさも変化していきました。

　男性器を象ったと言っても太さも大きさも様々で、模様が刻まれているものもあります。石をコツコツ削り、形を整え、表面を磨くわけですから相当な時間がかかったはずです。にもかかわらず、これらのほとんどが火にかけられ割られた状態で発見されています。家の炉の周りから見つかることもあれば、お墓の中から見つかることもあります。これはどういうことなのでしょうか。

石棒は土偶と同じように祈りの道具として使われたとされ、祭祀が済んだあとに集落内に立てておき、一定期間が経った頃に、焼いて打ち割り廃棄した、という説があるようです。

縄文人たちは男女の交わりによって新たな命が宿ることを知っていたはずです。つまり自然界も同じ作用で命が再生しているのだと理解し、男女を象った道具を使って祈りを捧げていたのかもしれません。

現代にもこうした祈りがもとになったようなお祭りがありますが、遡って行けば、縄文時代に通じているということです。

石棒へ祈る

現代の似たようなお祭りでは子孫繁栄を祈願します。縄文時代も同じだったのかもしれません。

自然に向けられた創造性

Q：縄文土器や土偶ってとても自由ですよね。人の目は気にならなかったのでしょうか？

A：おそらく、彼らは人に評価されることを前提に作っていたのではないのだと思います。

彼らが作る土器、土偶はもちろんのこと、骨角器や装飾品からは「笑われるかも」というような人の目を気にする気持ちは微塵も感じられません。事実はわかりませんが、きっとそれは彼らが人に評価されることを前提にあのようなものを作ったのではないからです。

他者を気にしたとしたら、それは森や川、海や山など自分たちを取り巻く自然に存在するであろう、霊的存在だったかもしれません。現代を生きる私たちには想像すらできない土器に施された模様の数々。思考の枠を大きく飛び越える土偶の面白さと不思議さとかわいさ。その向こうに影が見え隠れする絶妙なバランス。これらは狙ったものではなく、自然という到底立ち向かうこと

自然に捧げる

信仰の対象として作ったのかもしれないし、捧げるものとして作ったのかもしれません。

ができない圧倒的な存在に、自らの命を委ねるしかない彼らの複雑な感情が投影され、あのような造形を作り出しているように感じるのです。

もちろん、純粋に創作することを楽しみに作った土器もあったでしょう。自分のうちに湧き出るエネルギーを土器や土偶に昇華させた、そんなこともあったはずです。もしかするとその集落に受継がれる物語を土器に表現したものもあったかもしれません。

人の生死を身近に感じ、自然の循環のひとつとして自分たちの存在があると強く意識していた彼らにとって、何かを作ることは、自分を取り巻く環境と心に折り合いを付け、その中で生き抜いていこうとする決意の現れだったのかもしれません。

厳しい環境だからこそ、縄文人は心の中に自由を持ち続けていたのではないでしょうか。

エネルギーの表れ？

何かの意味を持って生まれた造形かもしれないし、内に持つエネルギーを表現したのかもしれません。

土器は交流の証

Q：縄文土器にもいろんなデザインがありましたよね？

A：縄文土器にも様々なものがありました。

火焔型土器
今のところ、限られた時代、地域でしか見つかっていません。

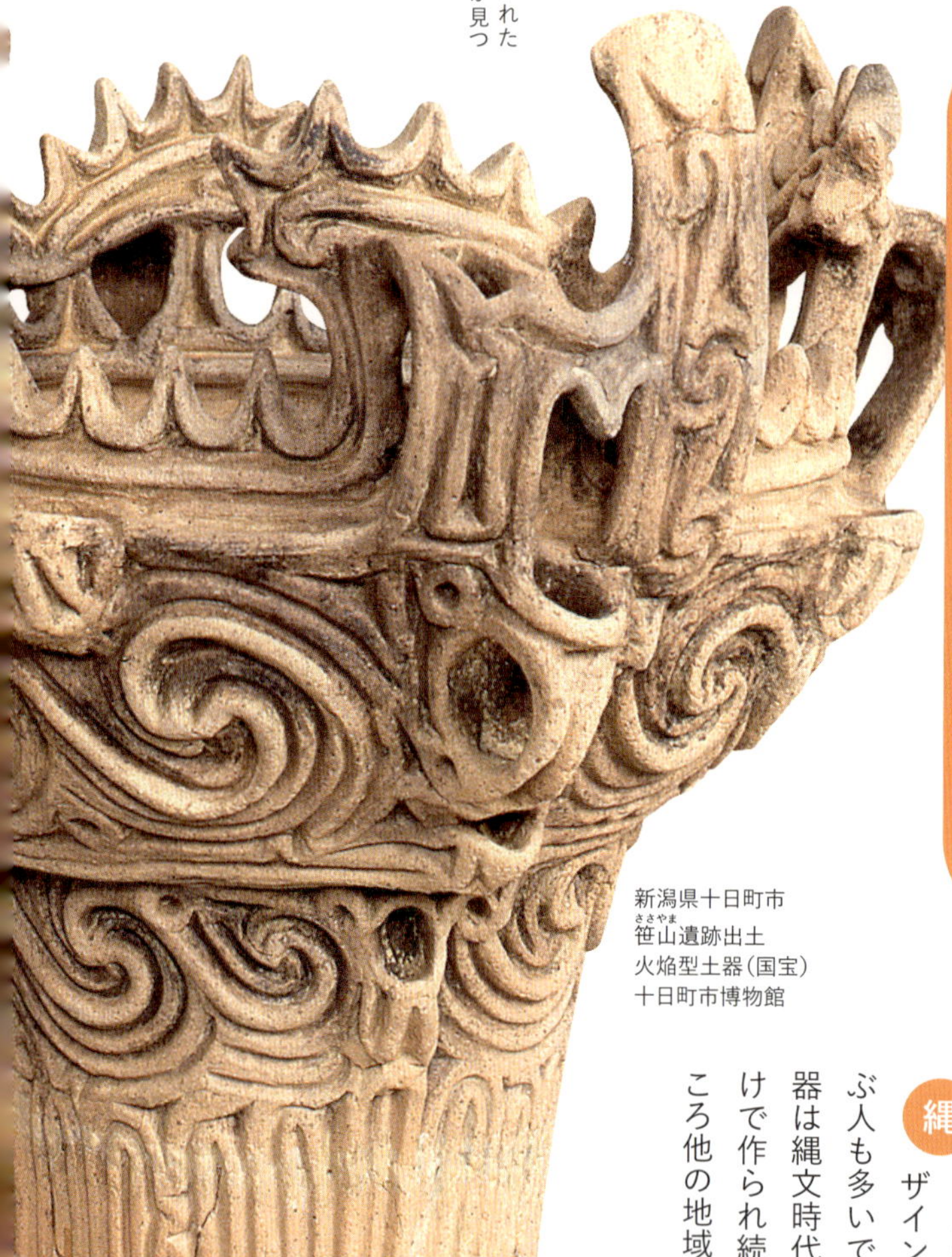

新潟県十日町市
笹山《ささやま》遺跡出土
火焔型土器（国宝）
十日町市博物館

縄文土器と言うと、炎のようなデザインの火焔型土器が頭に浮かぶ人も多いでしょう。しかし火焔型土器は縄文時代中期の新潟のある地域だけで作られ続けた土器であり、今のところ他の地域では見つかっていません。

このように土器のデザインには時代や地域、用途によって違いがあります。しかし形状としては基本的に博物館や資料館などで見かける深さのある深鉢、お皿のような浅鉢、注ぎ口のついた注口土器、動物や人の顔の把手の付いた把手付土器などが作られました。つまり、そこに描かれる模様に地域差や時代差がでるのです。そのデザインの違いを観察することで人々の交流の具合もわかるといいます。

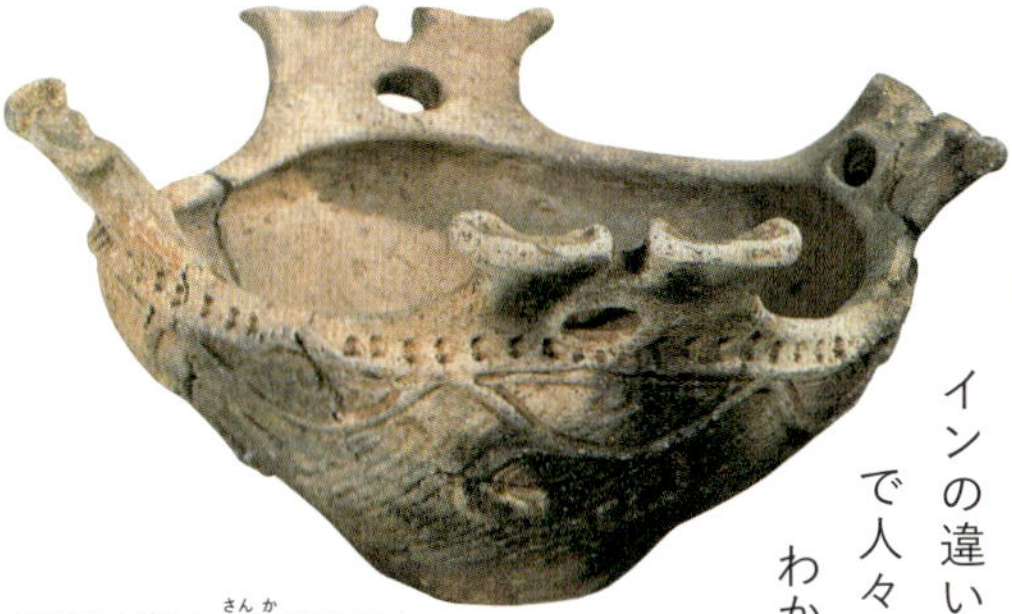

新潟県長岡市 山下《さんか》遺跡出土
浅鉢形土器
長岡市立科学博物館蔵

浅鉢《あさばち》土器

料理などを盛ったのかもしれません。

山梨県北杜市
津金御所前《つがねごしょまえ》遺跡出土
顔面把手付深鉢土器
(県指定文化財)
北杜市教育委員会蔵

把手付《とってつき》土器

一説には出産の様子を表したともされています。

群馬県勢多郡赤城村
三原田《みはらだ》遺跡出土
注口土器
群馬県教育委員会蔵

注口《ちゅうこう》土器

まるで急須のように注ぎ口がついています。

岩手県盛岡市
繋《つなぎ》遺跡出土
深鉢土器(重要文化財)
盛岡市教育委員会

深鉢《ふかばち》土器

貯蔵や煮炊きに使われたと考えられます。

土器は交流の証

青森県八戸市 是川中《これかわなか》居《い》遺跡出土
皿型土器(裏)
青森県八戸市 是川中居遺跡出土
皿型土器(横)
是川縄文館蔵

亀ヶ岡式土器

縄文時代晩期に東北地方で作られた土器。
精緻な模様が施されているのが大きな特徴です。

例えば、青森県つがる市の亀ヶ岡地域でたくさん作られたデザインの土器を「亀ヶ岡《かめがおか》式土器」といいますが、同じ模様を持った土器がまったく違う地域で見つかった場合、その地と亀ヶ岡地域に何らかの人の交流があったと考えられるのです。同じ亀ヶ岡式土器の模様が見つかる範囲を亀ヶ岡式土器文化圏とし、同じ土器模様が広がる地域を大きな文化の括りとして日本列島を見て行くこともできるのです。

時代の流れと共に変化する土器の模様を見たり、文化圏ごとに土器の模様の違いを見たり、影響し合う文化圏の痕跡を探したりと土器の見方は様々あります。土器を追いかけてみるのも楽しいかもしれません。

時期とともに移り変わる土器

旧石器

1万5000年前

草創期

東京都町田市
なすな原遺跡出土
隆起線文土器
町田市教育委員会蔵

1万2000年前

早期

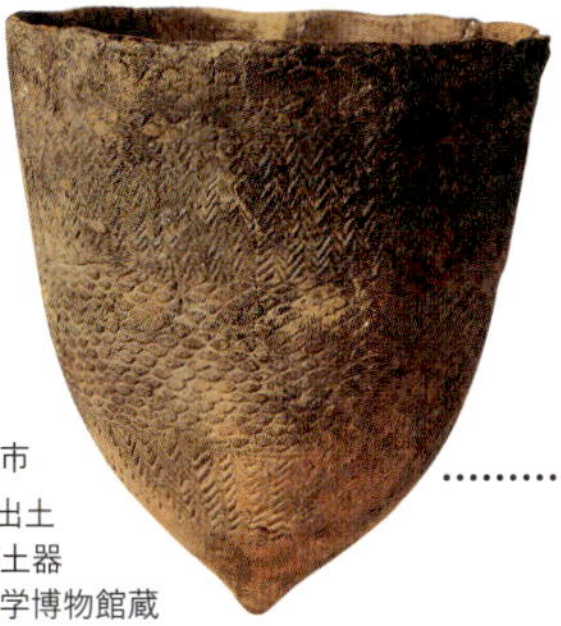

新潟県長岡市
卯ノ木《うのき》遺跡出土
尖底深鉢形土器
長岡市立科学博物館蔵

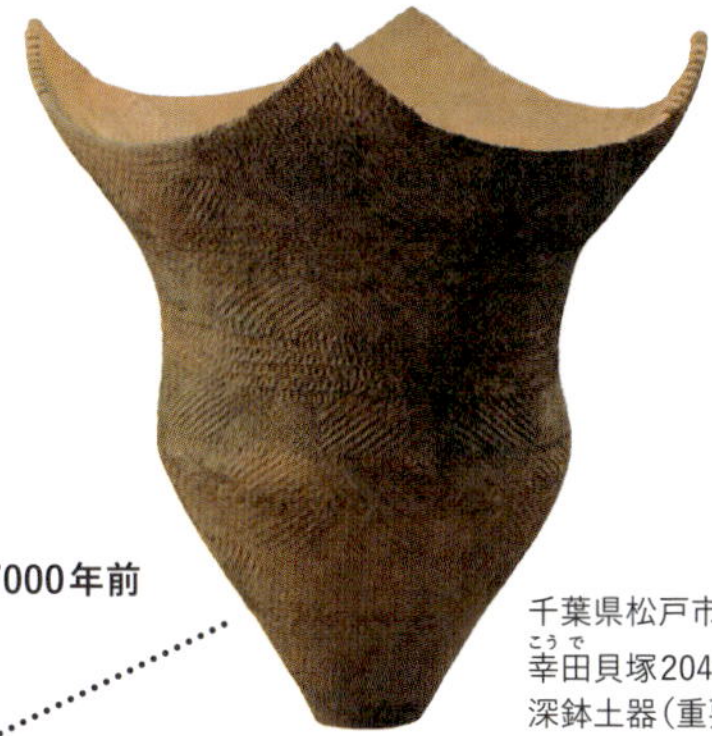

千葉県松戸市
幸田《こうで》貝塚204号住居出土
深鉢土器（重要文化財）
松戸市立博物館蔵

7000年前

前期

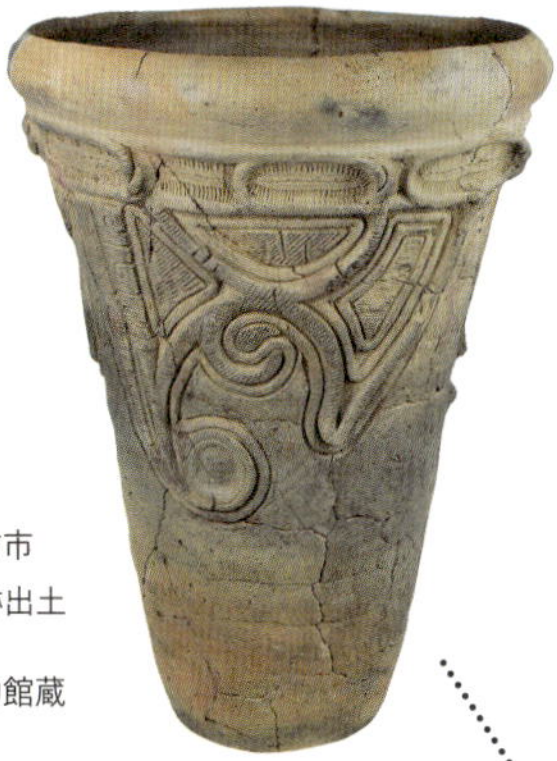

長野県諏訪市
荒神山《こうじんやま》遺跡出土
深鉢土器
諏訪市博物館蔵

6500年前

中期

千葉県市川市 堀之内貝塚出土
深鉢土器
明治大学博物館蔵
写真提供：市立市川考古博物館
撮影：小川忠博

4500年前

後期

群馬県勢多郡赤城村
三原田遺跡出土
注口土器
群馬県教育委員会蔵

3500年前

晩期

2400年前

弥生

縄文の美の発見者　岡本太郎

「芸術は爆発だ」と言いながら、目玉が飛び出さんばかりの勢いでテレビ画面に映るおじさまを覚えている人もいることでしょう。そのおじさまの名は岡本太郎。

その太郎と縄文には、じつは強烈な出会いがあったのです。それは1951年秋のこと。東京国立博物館の一室に置かれた縄文土器を見て、彼はこう叫んだと言います。

「なんだこれは!」

強烈な電流にたたかれたようなショックだと本人が『私の現代芸術』の中で書くように、この出会いによって太郎は縄文との繋がりを深めていくのです。

写真提供:岡本太郎記念館

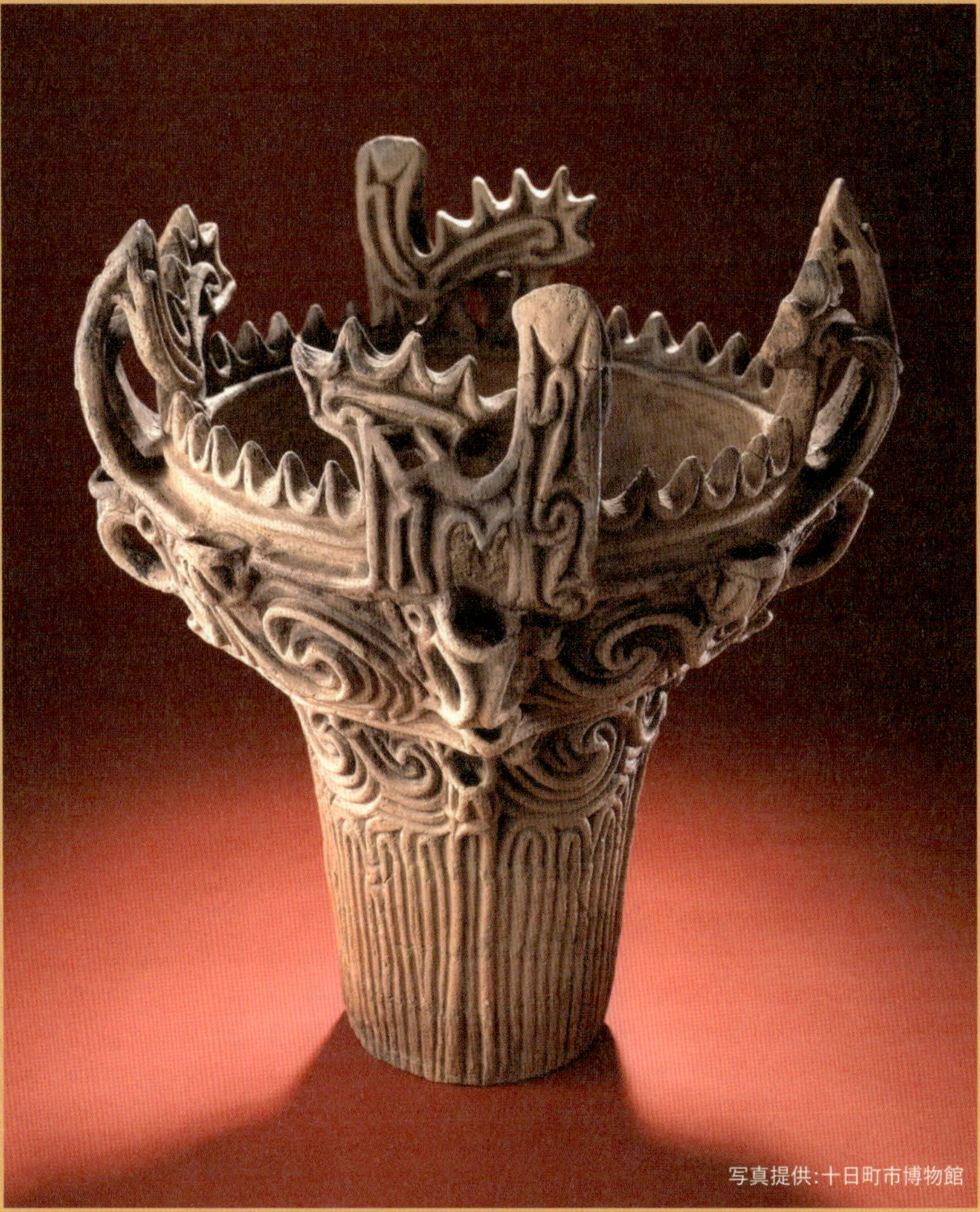

写真提供:十日町市博物館

今では、多くの日本美術史の書籍の冒頭には縄文土器が載っています。しかし、ほんの60年ほど前まで、「縄文」は日本の美術史の中に組み込まれてはいませんでした。それらは土の中から見つかったただの遺物でしかなかったのです。しかし太郎が1952年2月号の美術雑誌『みづゑ』に「四次元との対話 - 縄文土器論」を発表したことで光が当たり、日本の美術史は一変。一躍、縄文に「美」という観点が産まれ日本美術史が書き換えられたのです。

では太郎は、いったい縄文のどのような部分に惹き付けられたのでしょうか。

「このすさまじさに心を引きさかれながら、
いつのまにか、身のうちに異様な階調が共鳴しはじめます。
それはなまぬるい気分ではぜったいにとらえることのできない、
超自然的な力と均衡なのです。
非常なアンシンメトリー。そのたくましい不協和のバランス。
これこそわれわれが縄文土器によって呼びさまされ、
身にとらえなければならない、
大きな伝統的感動であると信じます。」

（岡本太郎『日本の伝統』）

つまり、太郎は縄文土器の中に、本来日本人が持っているはずの根源的なたくましさと情熱と生命力を見いだしたのです。見るものを圧倒し、「どうだ、参ったか」と言わんばかりに襲いかかる縄文土器の一種異様なエネルギーは、もともとその作り手である縄文人によって土器に転写されたものであり、その縄文時代に生きた人間の熱量は、私たち今の日本人の奥底にもあるのだと。これこそが民族の根源なのだと彼はその考えを世に問うたのです。

こうして太郎が縄文を再発見してくれたお陰で、私たちは縄文時代の様々なものに触れ、感じることができます。彼らが生きた痕跡を知ることは私たち日本人の根源を知ることなのかもしれません。

写真提供:岡本太郎記念館

岡本太郎の最高傑作「明日の神話」

大阪万博の際に製作された「太陽の塔」と同時期に描かれ、塔と対をなす作品と言われます。

弥生に向かう集落（想像図）

緩やかな流れの中で――縄文から弥生へ――

こうして1万年以上、自然と共生し、独自の世界観で暮らしを紡いできた縄文時代にも変化の波が押し寄せます。かつては渡来系の人々によって縄文人が一掃され、まったく新しい文化、まったく違う人が暮らす列島に作り替えられたような印象がありましたが、現在では研究が進み、そうは考えられていません。

およそ4万年前に日本列島に人が渡ってきて以来、絶えず大陸から人が流れてきていたと考えられますが、縄文晩期の終わり頃になると日本列島の南と北では大きな違いが見られるようになりました。列島の南、北部九州の地で、海を渡ってきた渡来の人々によって水稲栽培が始まったのです。

既に縄文時代に米は日本列島に存在していましたが、稲作という農業システムとして、集団と共に列島にやってきたのがこの時期だと考えられ、約千年間の弥生時代がスタートするのです。

今までの暮らしの中で、渡来の人々にある程度慣れていたであろう西北部九州の縄文人も、稲作のように土地を必要とする大規模システムを持ち込もうとする渡来の集団とは、何らかの摩擦があったはずです。自分たちが暮らす領域に訳の分からない水田を作ろうとする人々に対して警戒し、追い出そうとするのは当然の心理です。そこでは争いによって問題を解決するという方法がとられることもあったでしょう。しかし、このような解決方法ばかりではなかったようです。

例えばこんな遺跡があります。福岡県福岡市の金隈《かねのくま》遺跡は弥生時代の共同墓地とされています。当時の埋葬方法の主流である甕棺墓《かめかんぼ》に残っていた多くの男性人骨の平均身長はおよそ160cm。その他、風習的抜歯をした人骨も見つかりました。つまり、文化的に弥生時代と縄文時代の特徴を持った人が同一の墓域に埋葬されていたという事になります。この事実からも分かるように、弥生時代になると人種も文化も一新されてしまったのではなく、時には摩擦も起こしながらそれでも縄文人は渡来の人々や文化を受け入れ、新しい日本列島を作っていったのではないでしょうか。

このようにして縄文時代晩期から弥生時代に移り変わる時期の九州から近畿にかけての西日本では、弥生の文化が色濃くなっていくわけですが、この後、稲作が拡大していくまで東日本では依然として縄文的な色合いをもって人々は暮らしていたようです。

例えば、北海道。この地には弥生時代がありません。他の地域で米作りが始まり弥生の文化が全国的に浸透したにも関わらず、米を作ることなく従来の縄文的な暮らしのまま日々を生きていきます。それが「続縄文時代」といわれる時代です。山海の食料が豊かであった北海道では米作りを選択する必要がなかったのです。

縄文時代に始まった植物栽培ですが、弥生時代にすべて稲作に変わったわけではないようです。大陸から米が入ってきたからと言って、狩猟、採集、漁労を止めたわけではなく、そこに稲作やアワ、ヒエ、キビを栽培する畑作業という労働が増えたと言って良いかもしれません。食の観点から見れば縄文時代に作り上げた生活の上に、渡来の食文化が重なった、ということになるようです。

事実は分かりませんが、米作りをするかどうか、一緒に渡ってきた鉄器を使うかなど、渡来の文化を受け入れるかどうかは縄文人側に選択権があったのかもしれません。

とは言うものの、人種の融合はもちろんのこと、時間が進むにつれて列島の文化は既存の縄文文化と渡来の人々がもたらした文化の融合が進み、支配階層が現れる混沌とした弥生時代を経て、明確な権力者が出現する古墳時代へと変化していったのです。

縄文ファンのマストアイテム!!

日常に取り入れたい縄文グッズ

＼みみずくとヴィーナスも。家に置きたくなる！／

＼全4色。持ち歩ける土偶グッズ。／

＼ワッペンセット3種類。こっそり推しをアピール？／

京東都 本店
京都府京都市東山区星野町93-28
TEL/FAX:075-531-3155
http://www.kyototo.jp

❶ぬいぐるみ遮光器土偶 4,104円（税込）
❷キーホルダー ハート型土偶 1,728円（税込）
❸ワッペン 土偶セット1 ❹ワッペン 土偶セット2
❺ワッペン 土製品セット 各1,296円（税込）

マグネットの
種類は様々！
冷蔵庫にそっと
飾ってもお洒落。

縄文土器マグネット 734円（税込）

考古学の専門店 Archival.jp
http://archival.jp/

＼自分で割って使えば、
気分は縄文人？／

埼玉県深谷市から
出土の土笛がモデル。
縄文な音楽を
演奏できるかも？

土偶といえば、で
想像する人も多いであろう
遮光器土偶のレプリカ。

❶黒曜石 843円（税込）
❷縄文土笛 1,170円（税込）
❸遮光器土偶（レプリカ）2,333円（税込）

はにわ処 さかもと商店
http://haniwadokoro.cart.fc2.com

縄文土器・縄文のビーナス・
仮面の女神・土偶
2種の4柄。各3色

製造：ライブラ

製造：梅月

ほんのり塩味

❶縄文ネクタイ 各5,400円（税込）
❷国宝塩羊羹
「縄文のビーナス」350円（税込）
「仮面の女神」380円（税込）

尖石縄文考古館 ミュージアムショップ
〒391-0213　長野県茅野市豊平4734-132
電話番号　0266-76-2041

＼顔をよく見るとDOGUの文字が！／

さりげない
DOGUのあしらい

❶DOGU Tシャツ青、白 2,484円（税込）
❷マグカップB 1,404円（税込）

八戸市埋蔵文化財センター
是川縄文館　これカフェ
〒031-0023青森県八戸市大字是川字横山1
TEL 0178-38-9511

株式会社アドプリンター
〒039-1164青森県八戸市下長2丁目3-23
TEL 0178-21-2250

焼けた！

❶合掌土偶 クッキー型 ❷火焔土器 クッキー型
❸ハート型土偶 クッキー型
各1,000円（税込）

sacsac
http://sacsac.buyshop.jp/

女神が光る★

お財布にも
入る大きさ

3.5 cm

材料も昔風

❶縄文の女神サブレ 1,000円（税込）
❷縄文の女神 3Dクリスタル USBメモリー 2,000円（税込）
❸縄文の子女神 600円（税込）

舟形観光情報館　オンラインショップ
舟形屋　http://shop.funagata.info

恵庭市郷土資料館

〒061-1375 北海道恵庭市南島松157-2
TEL:0123-37-1288

開館時間 9:30〜17:00
休館日 年末年始、毎週月曜日、毎月最終金曜日。ただし、月曜祝日の場合は月曜開館、火曜日・水曜日が休館日。祝日開館、翌日休館。
入館料 無料
アクセス JR「恵み野駅」から徒歩40分/JR「島松駅」から徒歩40分
エコバス循環Bコース「恵み野東7丁目」下車、徒歩10分
URL http://www.city.eniwa.hokkaido.jp/www/contents/1370235087612/index.html

函館市縄文文化交流センター

〒041-1613 函館市臼尻町551-1
TEL:0138-25-2030

開館時間 9:00〜16:30(4月〜10月は9:00〜17:00)
休館日 毎週月曜日、祝日の翌日
入館料 一般300円 学生・生徒・児童 150円 未就学児 無料
アクセス JR「函館駅」から車で約60分/函館バス「臼尻小学校前」下車、徒歩15分/函館空港から車で約40分
URL http://www.hjcc.jp/

青森県立郷土館

〒030-0802 青森県青森市本町2丁目8番14号
TEL:017-777-1585

開館時間 9:00〜17:00(5月〜10月は9:00〜18:00)
休館日 年末年始、燻蒸休館
入館料 3月〜12月(一般 310円/高校・大学 150円)
1月〜2月(一般 250円/高校・大学 120円)
アクセス JR「青森駅」から徒歩20分/ねぶたん号「県立郷土館前」下車すぐ/青森市市民バス「ワシントンホテル前」または「本町五丁目」下車、徒歩1分/市営バス「市役所前」または「NTT青森支店前」下車、徒歩8分/市営バス「新町二丁目」下車、徒歩8分
URL http://www.kyodokan.com

特別史跡　三内丸山遺跡「縄文時遊館」

〒038-0031 青森県青森市三内字丸山
TEL:017-781-6078

開館時間　9:00〜17:00（6月〜9月は9:00〜18:00）
休館日　年末年始
入館料　無料
アクセス　JR「青森駅」から車で20分/市営バス「三内丸山遺跡前」下車すぐ/JR「新青森駅」から車で10分/ねぶたん号「三内丸山遺跡前」下車すぐ/青森空港から車で30分/青森I.Cから車で5分/青森港フェリー埠頭から車で30分
URL　http://sannaimaruyama.pref.aomori.jp

八戸市埋蔵文化財センター　是川縄文館

〒031-0023 青森県八戸市大字是川字横山1
TEL:0178-38-9511

開館時間　9:00〜17:00
休館日　年末年始、第1を除く月曜日、祝日・振替休日の翌日
ただし、月曜日が祝日・振替休日の場合は開館、祝日・振替休日の翌日が土・日曜日、祝日の場合は開館
入館料　一般250円/高校・大学生150円/小・中学生50円
アクセス　八戸自動車道八戸I.Cから車で10分/JR「八戸駅」から南部バス「是川縄文館」下車すぐ/
URL　http://www.korekawa-jomon.jp

山形県立博物館（本館）

〒990-0826 山形県山形市霞城町1番8号　（霞城公園内）
TEL:023-645-1111

開館時間　9:00〜16:30（花笠祭り期間は9:00〜17:30）
休館日　年末年始、毎週月曜日（祝日の場合は翌日）
※ゴールデンウィークおよびお盆は無休。
入館料　大人300円、学生150円
アクセス　JR「山形駅（東口）」から霞城公園東大手門経由で徒歩約15分/JR「山形駅（西口）」から霞城公園南門経由で徒歩約10分/山形自動車道山形蔵王I.Cから約20分/東北中央自動車道山形中央I.Cから約10分
URL　http://www.yamagata-museum.jp

福島県立博物館

〒965-0807 福島県会津若松市城東町1番25号（若松城公園内）
TEL:0242-28-6000

開館時間 9:30～17:00
休館日 年末年始、毎週月曜日（祝日・振替休日の場合は開館、翌火曜日休館）、祝日の翌日
入館料 一般270円、高校生以下無料
アクセス JR「会津若松駅」から車で10分/3km/
URL http://www.general-museum.fks.ed.jp

国立歴史民俗博物館

〒285-8502 千葉県佐倉市城内町 117
TEL:03-5777-8600（ハローダイヤル）

開館時間 9:30～17:00（10月～2月は9:30～16:30）
休館日 年末年始、毎週月曜（祝日の場合は翌日）
入館料 一般420円、高・大学生250円、小・中学生無料
アクセス 京成電鉄「京成佐倉駅」から徒歩約15分/京成電鉄「京成佐倉駅」から、ちばグリーンバス「国立博物館入口」または「国立歴史民俗博物館」下車すぐ/JR「佐倉駅」から、ちばグリーンバス「国立博物館入口」または「国立歴史民俗博物館」下車すぐ
URL https://www.rekihaku.ac.jp

茅野市尖石縄文考古館

〒391-0213 長野県茅野市豊平4734-132
TEL:0266-76-2270

開館時間 9:00～17:00
休館日 年末年始、毎週月曜日（祝日の場合を除く）、祝日の翌日（土・日・祝の場合を除く）
入館料 大人500円、高校生300円、小・中学生200円
アクセス JR中央線茅野駅からバス「奥蓼科渋の湯行き」またはメルヘン街道バス（糸萱・横谷峡・緑山行き）で約20分/中央自動車道諏訪I.Cから約25分/諏訪南I.Cから約35分
URL http://www.city.chino.lg.jp/www/toppage/1444796190237/APM03000.html

十日町市博物館

〒948-0072 新潟県十日町市西本町1丁目
TEL:025-757-5531

開館時間 9:00〜17:00
休館日 年末年始、毎週月曜日、祝日の翌日
入館料 一般300円、中学生以下無料
アクセス JR「十日町駅（西口）」から徒歩10分/関越自動車道六日町I.C.25/越後川口I.Cから25分
URL http://www.tokamachi-museum.jp

写真提供・取材協力一覧（50音順・敬称略）

青森県教育庁文化財保護課
青森県立郷土館
市立市川考古博物館
宇都宮市教育委員会
恵庭市郷土資料館
大阪府立弥生文化博物館
岡本太郎記念館
北相木村教育委員会
群馬県教育委員会
群馬県埋蔵文化財調査事業団
国立歴史民俗博物館
諏訪市博物館
茅野市教育委員会
茅野市尖石縄文考古館
上越市教育委員会
函館市教育委員会
函館市縄文文化交流センター
八戸市教育委員会
八戸市埋蔵文化センター是川縄文館
十日町市博物館
奈良県立橿原考古学研究所
福島県立博物館
北杜市郷土資料館
長岡市立科学館
野々市市教育委員会
町田市教育委員会
松戸市教育委員会
三島町教育委員会
明治大学博物館
盛岡市遺跡の学び館
盛岡市教育委員会
山形県立博物館

五十嵐由里子（日本大学松戸歯学部）
佐久間庄司
渋谷綾子（国立歴史民俗博物館）
鈴木隆雄
中尾智行（大阪府立弥生文化博物館）

※初版時、本欄に誤って小川忠博氏のお名前が掲載されていました。お詫びして訂正いたします。

参考・引用文献

福岡県教育委員会『金隈遺跡第2次調査報告概報』（福岡県教育委員会 1971）
湊 正雄『目でみる 日本列島のおいたち』（築地書館 1973）
渡辺 誠『縄文時代の植物食』（雄山閣 1975）
小林達雄編『縄文土器 日本原始美術体系1』（講談社 1979）
佐原 真『縄文土器II』（講談社 1979）
安田喜憲『環境考古学事始』（NHKブックス 1980）
岡本東三編『日本の美術 189 縄文時代I（早期・前期）』（至文堂 1982）
土肥 孝『日本の美術 190 縄文時代II（中期）』（至文堂 1982）
渡辺 誠『縄文時代の知識』（東京美術 1983）
尾関清子『縄文の衣』（學生社 1996）
小林達雄『縄文人の世界』（朝日選書 1996）
安田喜憲『縄文文明の環境』（吉川弘文館 1997）
福島県立博物館『企画展 縄文たんけん 図録』（1997）
米倉伸之、貝塚爽平、野上道男、鎮西清高編『日本の地形1 総説』（東京大学出版 2001）
今村啓爾『日本史リブレット2 縄文の豊かさと限界』（山川出版社 2002）
森山茂樹、中江和恵『日本こども史』（平凡社 2002）
岡本太郎『日本の伝統』（知恵の森文庫 光文社 2005）
北の縄文文化を発信する会編・刊『縄文人はどこからきたか？ 北の縄文連続講座・記録集』（北の縄文を発信する会 2011）
MIHO MUSEUM『土偶・コスモス』（羽鳥書店 2012）

井口直司『縄文土器ガイドブック――縄文土器の世界――』（新泉社 2012）
関根秀樹『縄文人になる！ 縄文式生活技術教本』（ヤマケイ文庫 山と渓谷社 2014）
譽田亜紀子『はじめての土偶』（世界文化社 2014）
山田康弘『「もしも？」の図鑑 縄文人がぼくの家にやってきたら!?』（実業之日本社 2014）
工藤雄一郎／国立歴史民俗博物館編『ここまでわかった！ 縄文人の植物利用』（新泉社 2015）
譽田亜紀子『にっぽん全国土偶手帖』（世界文化社 2015）
詳説日本史図録編集委員会編『山川 詳説日本史図録（第6版）』（山川出版 2015）
小宮 孟『考古学研究調査ハンドブック⑤ 貝塚調査と動物考古学』（同成社 2015）
大阪府立弥生文化博物館『秋季特別展 海をみつめた縄文人――放生津潟とヒスイ海岸――』（2015）
小畑弘己『タネをまく縄文人 最新科学が覆す農耕の起源』（吉川弘文館 2016）

江坂輝彌「自然環境の変貌――縄文土器文化期における――」（第四紀研究会『第四紀研究 第11巻 3号』1972）
鈴木隆雄、峰山 巌、三橋公平「北海道入江貝塚出土人骨にみられた異常四肢骨の古病理学的研究」（日本人類学会『人類學雜誌 Vol．92』1984）
五十嵐由里子「縄文人の出産率の地域差について――妊娠跡の分析――」（日本人類学会『人類學雜誌 Vol.100』1992）
山田康弘「縄文時代のイヌ――その役割を中心に――」（比較民俗研究会『比較民俗研究 第9号』1994）
田名部雄一「日本犬の起源とその系統」（日本獣医師会『日本獣医師会雑誌 Vol. 49』1996）
南川雅男「炭素・窒素同位体により復元した先史日本人の食生態」（国立歴史民俗博物館『国立歴史民俗博物館研究報告 第86集』2001）
西本豊弘「縄文人は何を食べていたか」（戸沢充則編『増補 縄文人の世界』2002）
五十嵐由里子「縄文人の寿命」（岩波書店『科学 Vol. 74 No. 12』2004）
石井匠「縄文文化と岡本太郎」（小林達雄 監修『洋泉社MOOK 入門 縄文の世界』洋泉社 2013）
石井匠「岡本太郎」（小林達雄 監修『別冊太陽 日本のこころ212 縄文の力』平凡社 2013）
篠田謙一「DNAが語る列島への人の伝播と日本人の成立」（大阪府立弥生文化博物館『秋季特別展 海をみつめた縄文人――放生津潟とヒスイ海岸――』2015）

え?貝塚《かいづか》って
ごみ捨《す》て場《ば》じゃなかったんですか!?
知《し》られざる縄文《じょうもん》ライフ

2017年3月17日　発　行　　　NDC　201

2018年3月10日　第3刷

著　者　譽田亜紀子《こんだあきこ》

監　修　武藤康弘《むとうやすひろ》

発行者　小川雄一

発行所　株式会社誠文堂新光社

〒113-0033

東京都文京区本郷3-3-11

[編集]電話　03-5805-7765

[販売]電話　03-5800-5780

http://www.seibundo-shinkosha.net/

印刷所　株式会社大熊整美堂

製本所　和光堂株式会社

ISBN978-4-416-71616-8

著者

譽田亜紀子

岐阜県生まれ。京都女子大学卒業。奈良県橿原市の観音寺本馬土偶との出会いをきっかけに、各地の遺跡、博物館を訪ね歩き、研究を重ねている。また、テレビやラジオに出演するかたわら、トークイベントなどを通じて縄文時代や土偶の魅力を伝える活動を行っている。著書『はじめての土偶』(2014年)、『にっぽん全国土偶手帖』(2015年、ともに世界文化社)、『ときめく縄文図鑑』(2016年、山と渓谷社)、『土偶のリアル 発見・発掘から蒐集、国宝誕生まで』(2017年、山川出版社)

監修者

武藤康弘

奈良女子大学文学部教授。専門は文化人類学・民俗学・民族考古学。1959年秋田県生まれ。1985年國學院大學大学院修士課程を修了。1987年東京大学助手として採用され、1997年に博士(文学)を取得。1999年に奈良女子大学文学部助教授として採用され、2011年には教授に就任。現在に至る。

スタッフ

イラスト:スソアキコ

デザイン:NILSON